KB201602

회복의 목회

믿음이란
한 알의 밀알이 땅에 떨어져 죽음으로 많은 열매를 맺음과 같이
진리의 열매를 위하여 스스로 죽는 것을 뜻합니다.
눈으로 볼 수는 없으나 영원히 살아 있는 진리와
목숨을 맞바꾸는 자들을 우리는 믿는 이라고 부릅니다.
「믿음의 글들」은 평생, 혹은 가장 귀한 순간에
진리를 위하여 죽거나 죽기를 결단하는
참 믿는 이들의, 참 믿는 이들을 위한, 참 믿음의 글들입니다.

회복의 목회

이재철 지음

홍성사

지난 10년 동안
나의 목자 되셨던 주님께,
나의 동역자였던 주님의교회
모든 교우님들께,
그리고
말없이 자리를 지켜 주었던
나의 가족들에게
이 책을 바친다.

차 례

머리말

이제 때가 되었기에

오늘은 1998년 7월 1일이다. 주님의교회에서 10년 임기를 마치고 6월 21일 사임한 지 열흘째 되는 날이다. 본래는 교회를 사임한 다음 날인 6월 22일부터 이 글을 쓸 계획이었다. 말하자면 퇴임 후 첫 번째 할 일로 이 책의 집필을 염두에 두고 있었던 것이다. 그러나 4년 전부터 교제를 하고 있던 괌(Guam) 거주 교우들의 요청으로 그 곳을 다녀오느라, 오늘에야 컴퓨터 앞에 앉게 되었다.

이 책을 쓰기로 작정했던 것은 벌써 오래 된 일이다. 창립된 지 몇 년 되지 않아서부터, 이상하게도 많은 사람들이 주님의교회를 주목하기 시작했다. 그리고 여러 교회나 단체들이 나에게, 소위 교회성장에 관한 설교나 강의를 요청하였다. 그러나 그 때마다 사양할 수밖에 없었던 것은, 나는 교회성장에 대하여는 문외한이었을 뿐만 아니라, 교회성장의 관점에서 목회를 해 본 적도 없었기 때문이다. 바꾸어 말하면 교회성장이란 주제에 관한 한, 내게는 할 말이 전혀 있을 수가 없었다.

매년 이와 같은 요청과 사양이 반복되던 중에, 나는 언젠가 때가 되면 주님의교회에 대한 책을 써야겠다고 결심하기에 이르렀다. 내가 주님의교회에서 확인하고 체험한 한, 목회의 주체는 교회의 주인 되신 주님이셨다. 주님의교회를 세우시고 오늘의 모습으로 키우신 분은 오직 주님이셨다. 교우들과 내가 한 일이란 단지 교회의 주인이신 주님께 바르게 응답하려 했을 뿐이다. 따라서 주님께서 우리에게 얼마나 선한 생각을 주셨는지, 우리를 도구 삼아 얼마나 아름다운 일을 펼치셨는지 증언하기 위하여 나는 책을 써야만 했다. 첫째로는 하나님께서 부족하기 짝이 없는 내게 베풀어 주신 은혜에 보답하기 위함이요, 둘째로는 그 동안 내가 위에서 밝힌 이유로 인해 거절할 수밖에 없었던 많은 사람들의 요청에 응답하기 위함이다.

다만 집필의 시기를 나의 퇴임 이후로 잡았던 것은, 주님의교회에서 시무하면서 주님의교회에 대해 글을 쓴다는 것은 적절치 않다고 생각했던 까닭이요, 퇴임 후 이 일부터 시작하려는 것은 지금 내게, 주님의교회의 주인 되셨고 주인이시고 또 주인이실 주님께서 주님의교회에서 행하신 일을 증언하는 것보다 더 중요한 일은 있을 수 없기 때문이다.

이 귀한 기회와 여건을 허락해 주신 하나님께 무릎 꿇어 감사를 드릴 뿐이다.

1 무슨 일들이 있었는가?

사람들은 '주님의교회' 하면 먼저 자기 예배당을 소유하지 않는 교회, 혹은 헌금의 50%로 선교하고 구제하는 교회를 연상한다. 그러나 그것은 주님께서 우리로 하여금(여기에서 '우리'란 주님의교회 교우들과 나 자신을 뜻한다) 추구하게 하신 정신에 입각한 원칙이었을 뿐, 그것 자체가 주님 안에서 우리가 지녀 왔던 정신은 아니다. 또 어떤 사람들은 주님의교회를 '개혁'이라는 시각에서 바라본다. 마치 주님의교회를 개혁의 기수인 것처럼 인식하고 있는 것이다. 그러나 이것 또한 엄밀한 의미에서 사실일 수는 없다. 우리는 단 한 번도 개혁 그 자체를 우리의 목적으로 삼았던 적이 없기 때문이다. 주님의교회가 개혁적으로 보였다면 그것은 결과일 뿐, 목적이었던 것은 아니다.

주님께서 주님의교회를 통하여 우리에게 일깨워 주신 것은 '자유'와 '회복'이다. 복음의 핵심은 구원이요, 구원이란 바로 자유다. 이 땅에 오신 주님께서는 당신이 오신 까닭을 다음과 같이 밝히셨다.

> "주의 성령이 내게 임하셨으니 이는 가난한 자에게 복음을 전하게 하시려고 내게 기름을 부으시고 나를 보내사 포로 된 자에게 자유를, 눈먼 자에게 다시 보게 함을 전파하며 눌린 자를 자유케 하고 주의 은혜의 해를 전파하게 하려 하심이라"(눅 4:18-19).

여기에서 말하는 '은혜의 해'란 레위기 25장에 나타나 있는 희년을 의미한다. 희년이란, 50년마다 하나님의 은혜로 선포되는 자유의 해였다. 이 해가 되면 모든 종 되었던 자들이 완전무결한 자유를 얻었다. 그래서 그 해는 하나님에 의한 '은혜의 해'일 수밖에 없었다. 바로 그 은혜의 해를 선포하시기 위하여, 그 희년의 완전무결한 자유를 주시기 위하여, 주님께서 이 땅에 오셨음을 주님께서 친히 밝히셨다. 다시 말하면 주님께서 주시는 구원이란 곧 자유임을 주님께서 직접 천명하신 것이다. 죄와 죽음으로부터의 자유, 율법의 저주로부터의 자유, 모든 두려움과 불안으로부터의 자유가 바로 주님께서 주시는 구원이다.

주님의 구원이 자유를 뜻함은 이미 출애굽기에서부터 확인되고 있다. 애굽에서 노예생활 하던 이스라엘 백성들에게 하나님의 구원이 임하였으니, 곧 애굽의 노예 된 상태로부터의 자유였다. 성경에서 애굽이란 언제나 죄와 죽음과 절망과 욕망의 상징이다. 하나님의 구원은 그 모든 것으로부터의 자유로 나타났다. 그렇기에 출애굽기란 이스라엘 백성들에 대한 하나님의 구원의 역사인 동시에, 하나님께서 이스라엘 백성들에게 주신 자유의 경전이다. 이처럼 복음이 말하는 구원이란 언제나 자유와 동의어인 것이다. 바로 이것이 성경이 다음과 같이 증거하고 있는 이유이다.

> "그러므로 아들이 너희를 자유케 하면 너희가 참으로 자유하리라"(요 8:36).

> 그러므로 예수께서 자기를 믿은 유대인들에게 이르시되 "너희가 내 말에 거하면 참 내 제자가 되고 진리를 알지니 진리가 너희를 자유케 하리라"(요 8:31-32).

> 주는 영이시니 주의 영이 계신 곳에는 자유함이 있느니라(고후 3:17).

위에서 살펴본 바와 같이 자유를 상실한 구원이 있을 수 없고, 구원과 무관한 자유가 성립될 수도 없다. 그러므로 이 자유는 결코 방종을 의미하지 않는다. 분명한 목표를 향한 자유이다. 그렇다면 무엇을 향한, 혹은 무엇을 위한 자유인가? 그 해답은 출애굽기에서 쉽게 찾아볼 수 있다. 출애굽은 무엇을 위한 자유였던가? 하나님께서 믿음의 조상 아브라함을 통해 약속하셨던 가나안의 회복을 위한 자유였다. 그것은 절대로 방향 없는 자유가 아니었다. 출애굽이 하나님의 구원이요 그 구원이 자유를 뜻한다면, 그 자유의 또 다른 이름은 회복이었다. 그래서 사도 바울과 베드로는 다음과 같이 증거하고 있다.

> 그리스도께서 우리로 자유케 하려고 자유를 주셨으니 그러므로 굳세게 서서 다시는 종의 멍에를 메지 말라(갈 5:1).

> 형제들아 너희가 자유를 위하여 부르심을 입었으나 그러나 그 자유로 육체의 기회를 삼지 말고 오직 사랑으로 서로 종노릇 하라(갈 5:13).

> 자유하나 그 자유로 악을 가리우는 데 쓰지 말고 오직 하나님의 종과 같이 하라(벧전 2:16).

자유는 향방 없는 방종이 아니라, 반드시 분명한 목표를 향한 회복이어야 함을 강조하는 말이다. 그렇기에 구원과 자유 그리고 회복은 복음 안에서 한 의미의 다른 표현인 것이다. 따라서 우리가 지난 10년 동안 구원받은 그리스도인으로서, 그리고 주님의 몸 된 교회로서, 그리스도 안에서 추구해 온 것이 있다면 바로 자유와 회복이었다. 다시 말해 목회를 자유와 회복으로 이해하고 또 정의했던 것이다. 비성경적이고 그릇된 모든 인습이나 구습으로부터의 자유, 그리고 성경을 통하여 하나님께서 요구하고 계시는 교회로의 회복—이것이 바로 우리의 목표였던 것이다.

자유와 회복을 위한 목회란, 실은 오래 전부터 추구되어 오던 것이다. 구약에 등장하는 모든 선지자들은 인간을 구속하는 그릇됨으로부터의 자유와, 진리를 향한 회복을 위해 자신의 삶을 걸었던 자들이다. 중세 개혁자들 역시 마찬가지였다. 타락한 카톨릭 교회의 노예상태로부터의 자유, 그리고 참된 교회로의 회복이 그들의 지상목표였다. 무엇보다 예수님의 목회 또한 자유와 회복으로 표현될 수 있으니, 곧 강도의 굴혈처럼 타락한 종교 지도자들의 성전으로부터 인간을 자유케 하시어, 주님이 주인 되신 진정한 교회를 회복케 하신 것이다. 아무도 부인할 수 없는 인간의 전적인 타락에 동의한다면, 자유와 회복이란 과거에서부터 현재를 거쳐 미래에 이르기까지 변함없는 목회의 본질이라는 것을 알 수 있다. 자유와 회복을 위한 목회—그러나 이것을 압축하여 '회복의 목회'라 말할 수 있을 것이다. 무엇을 위한 그리고 무엇을 향한 회복인지를 규명한다는 것은, 그것이 무엇으로부터의 자유를 의미하는지를 이미 전제하고 있기 때문이다.

그렇다면 회복의 목회라 할 때, 그 회복은 총체적으로 무엇을 향한 회복이어야 하겠는가? 두말 할 것도 없이 말씀의 회복이다. 교회가 말씀을 회복해야 한다는 것은 얼른 이해하기 힘든 말일 수 있다. 교회의 터는 말씀이기에, 말씀을 떠나서는 교회의 존립 자체가 불가능한 까닭이다. 그러나 옛날 선지자들이 외친 것이 바로 하나님 말씀으로의 회복이었다. 중세 개혁자들의 구호 또한 '오직 말씀으로'(sola scriptura)였다. 이 땅에 오셨던 예수 그리스도께서는 곧 말씀이셨다. 눈에 보이는 말씀이셨던 것이다. 이 모든 것은, 말씀 가운데 있어야 할 교회가 자주 말씀을 벗어나 있었음을 웅변해 주고 있다.

모든 인간 조직은 일단 조직되고 나면, 조직 그 자체의 생명력을 지니게 된다. 그래서 시간이 흘러갈수록, 그 조직이 만들어질 때의 취지나 정신에서 멀어지고 만다. 이것이 인간 조직의 생리다. 어떤 조직이든지 끊임없는 자기성찰이 수반되어야 하는 까닭이 여기에 있다. 자기성찰을 다른 용어로 표현한다면 근본정신의 회복이 될 것이다.

성경은 그리스도를 믿고 따르는 그리스도인 무리를 가리켜 교회라 부르고 있다. 사람이 교회인 것이다. 따라서 교회 역시 인간 조직일 수밖에 없다. 단지 다른 인간 조직과 차이가 있다면, 교회라는 조직의 주인은 사람이 아니라 주님이시라는 것이다. 그럼에도 불구하고 사람이 교회 조직을 구성하고 있는 한, 교회가 주님의 말씀보다는 조직 그 자체의 생명력에 의해 지배당한 적이 더 많았음을 성경과 교회의 역사는 교훈하고 있다. 그러므로 교회가 늘 말씀으로의 회복을 지향해야 하는 것은 교회의 지상과제가 아닐 수 없다.

주님의교회가 말씀을 회복할 수 있도록 주님께서 베풀어 주신 은혜는, 말씀을 순서대로 보게 하신 것이다. 새벽기도회, 주일 저녁예배, 수요예배, 구역 성경공부는 물론이고, 주일 낮예배 시간에도 순서대로 묵상하여 나갔다. 처음에는 별 생각 없이 시작한 일이었으나, 시간이 지나면서 그것이 얼마나 크나큰 주님의 은총인지를 절감하지 않을 수 없었다. 만약 내가 지난 10년 동안 주일 낮예배 시간에 성경을 순서대로 설교하지 않았더라면, 나는 매주일 나의 취향에 따라 본문 말씀을 선택하였을 것이고, 당연한 결과로 주님의교회 교인들은 내 취향의 울 속에 갇혀 하나님의 말씀을 편식할 수밖에 없었을 것이다. 10년이 아니라 20년을 그렇게 설교한다 한들, 어찌 그처럼 편향된 설교를 통하여 하나님의 말씀이 온전히 전해질 수 있겠는가? 그러나 말씀을 순서대로 살폈기에 누구보다 나 자신이 먼저 성숙해질 수 있었다. 말씀을 순서대로 묵상한다는 것은 나의 취향을 뛰어넘는 일이었다. 나의 취향에 따라 말씀을 취사선택하여 나의 기호에 맞는 또 하나의 경전을 스스로 만드는 어리석음에서 벗어나, 모든 말씀에 의해 내가 먼저 바르게 빚어져 가는 은혜를 체험한 것이다.

특히 주일 낮예배 시간을 통하여 마태복음을 순서대로 설교하는 데는 3년 10개월, 요한복음 전체의 설교를 위해서는 무려 6년 2개월이 소요되었다. 말하자면 마태복음 28장과 요한복음 21장을 합친 총 49장을 설교하기 위해 만 10년, 정확하게 510주를 필요로 하였다. 그러다 보니 단 한 구절, 단 한 단어도 무심코 지나칠 수가 없었다. 모든 구절, 모든 단어가 예외 없이 창세기에서부터 시작하여 계시록에 이르기까지 연결된 진리의 광맥 속에 감추어진 보석들이었다. 그 과정을 거치게 하시면서 평소에는 알지 못했던 진리의 비밀들을 얼마나 깨닫게 해 주셨던지, 주님의 은혜는 이루 말로 다 설명할 수가 없다.

이처럼 우리의 삶 속에서 말씀이 회복되어 가는 가운데, 주님의 교회는 말씀에 의해 오늘의 모습으로 가꾸어져 왔다. 바꾸어 말하면, 주님의교회가 행하고 있는 일들은 이처럼 말씀을 회복해 가는 과정 속에서 실행되었다는 말이다. 말씀의 회복 속에서 회복의 목회는 구체화되기 시작했던 것이다. 그렇다면 지난 10년 동안 주님의교회에서는 말씀의 회복을 추구하면서 어떤 회복들이 구체적으로 일어났는가? 아니, 주님께서 무엇을 회복시켜 주셨던가?

1. 교회 본질의 회복

고린도전서 1장 1절에서 3절까지의 말씀은 교회를 다음과 같이 정의하고 있다.

> 하나님의 뜻을 따라 그리스도 예수의 사도로 부르심을 입은 바울과 및 형제 소스데네는 고린도에 있는 **하나님의 교회**, 곧 그리스도 예수 안에서 거룩하여지고 **성도라 부르심을 입은 자들**과 또 각처에서 우리의 주, 곧 저희와 우리의 주 되신 예수 그리스도의 이름을 부르는 **모든 자들**에게 하나님 우리 아버지와 주 예수 그리스도로 좇아 은혜와 평강이 있기를 원하노라.

성경은 '**하나님의 교회**'를 '그리스도 예수 안에서 거룩하여지고 **성도라 부르심을 입은 자들**', 그리고 '각처에서 주 예수 그리스도의 이름을 부르는 **모든 자들**'이라 정의하고 있다. 즉 교회란 건물이나 제도가 아니라 사람들의 모임, 다시 말해 예수 그리스도 안에서 거룩하여진 성도들의 모임이란 말이다. 본래 교회란 용어를 제일 먼저 사용하신 분은 주님이시다. 뒤에서 다시 언급하겠지만, 주님께서 마태복음 16장 18절을 통하여 최초로 교회를 언급하실 때 사용하신 단어 '엑클레시아'(ἐκκλησία)는 '부르심을 입은 사람'이란 뜻이다. 주님께서도 교회가 사람임을 처음부터 분명하게 밝히신 것이다.

그러므로 교회의 본질은 그리스도를 믿고 따르는 우리 자신이다. 만약 교회가 부패했다고 말한다면 그것은 교회 건물이 노후했다는 뜻이 아니라, 교회의 본질인 우리 자신이 교회답지 못함을 의미하는 것이다. 2,000년 교회 역사를 살펴보건대, 교회가 좀더 웅장한 예배당을 건축하기 위하여 진력한 때일수록 교회가 실은 가장 내적으로 부패했을 때임을 감안한다면, 교회의 본질인 그리스도인들이 교회 된 자기 자신을 그리스도 안에서 바로 세우는 일보다 더 중요한 일은 없다. 이것이 우리가 우리 자신의 예배당을 소유하지 않기로 한 이유이다.

예배를 드리기 위해서는 예배를 드릴 수 있는 장소가 있어야 한다. 어떤 형태로든 소위 예배당이 필요한 것이다. 그 동안 한국 교회는 좀더 많은, 그리고 좀더 좋은 예배당을 세우기 위하여 많은 노력을 기울여 왔다. 이 땅에 세워져 있는 모든 예배당 건축에 소요된 비용만도 천문학적인 금액일 것이다. 그처럼 시간적, 경제적 노력을 아끼지 않고 전국적으로 수만 개의 예배당이 건립되었기에, 오늘과 같이 많은 사람들을 교회가 수용할 수 있었다. 이것은 분명 예배당 건축의 긍정적인 면이다. 그러나 이와는 정반대 되는 부정적인 면이 있으니, 그 와중에서 마치 예배당이 교회인 것처럼 그릇된 인식을 심어 준 것이다. 그 결과 대부분의 교회는 땅을 사고 집을 짓는 일을 교회의 최대 과제로 삼았다. 예배공간의 부족 때문이라기보다는, 오히려 목적 자체로서의 예배당 건축이 교회의 주된 일이 되어 왔음을 부정할 수가 없다. 교회의 본질이 사람에서 건물로 변질되어 버린 것이다.

이처럼 교회의 목표가 잘못 설정됨으로 인하여, 교회 된 사람을 그리스도 안에서 바로 세우는 본질적인 과제는 어쩔 수 없이 소홀해지게 되었다. 몇 사람 건너 한 명의 그리스도인이 있을 정도로 기독교의 교세가 이 땅에 두드러짐에도 불구하고 교회가 쉬임없이 비판의 대상이 되고 있음은, 그리고 각종 대형 비리사건의 한가운데에 늘 그리스도인들이 포진하고 있음은 여러 가지 연유에 기인하겠으나, 그 중에서도 가장 큰 이유는 교회의 본질을 사람이 아닌 건물로 오인하고 있는 탓일 것이다.

그렇기에 우리는 우리의 예배당 소유하기를 포기하였다. 교회가 건물이 아니라 바로 교회를 이루고 있는 그리스도인 우리 자신이라는 주님의 말씀에 충실해지기 위해서는, 예배당을 소유하지 않는 교회도 이제는 있어야 할 때가 되었다고 판단한 것이다. 개혁 혹은 새로운 운동을 위해서가 아니라, 오직 주님의 말씀 때문이었다. 주님께서는 이 땅에 계시는 동안 예배당 건축을 위하여 벽돌 한 장 쌓은 적이 없으셨다. 예배당을 위하여 단 한 평의 땅을 구입한 적도 없으셨다. 어디든지 주님이 계시는 곳, 바로 그 곳이 예배당이었다.

주님께서 산 위에 계시면 산 위가 예배당이었다.

> 예수께서 무리를 보시고 산에 올라가 앉으시니 제자들이 나아온지라. 입을 열어 가르쳐 가라사대 "심령이 가난한 자는 복이 있나니 천국이 저희 것임이요"(마 5:1-3).

저 유명한 산상수훈은 건물 속에서 설교된 것이 아니다. 문자 그대로 산 위에서 선포된 주님의 말씀이다. 그렇다고 해서 그 말씀의 가치가 조금도 훼손되지 않았다. 주님께서 그 날 산 위에 서셨을 때, 그 곳이 예배당이었던 까닭이다. 그런가 하면 주님께서 바닷가에 계시면 그 바닷가가 예배당이 되었다.

> 그 날에 예수께서 집에서 나가사 바닷가에 앉으시매 큰 무리가 그에게로 모여들거늘 예수께서 배에 올라가 앉으시고 온 무리는 해변에 섰더니 예수께서 비유로 여러 가지를 저희에게 말씀하여 가라사대……(마 13:1-3).

무리들이 서 있는 바닷가가 교인석이라면, 주님께서 앉아 계신 배는 강단이요 강대상이었다. 그 자체로서 이미 훌륭한 예배당이었다. 그 예배당에서 '씨뿌리는 비유'는 설교된 것이다.

그뿐만이 아니었다. 주님께서 마가의 다락방에 계시면 그 곳이 예배당이었고, 불의한 삭개오의 집에 계시면 그 곳이 또한 예배당이었다. 바리새인들이 돌로 쳐죽이려 했던 간음한 여인 앞에 주님께서 서셨을 때, 예배당은 그 곳에 있었다. 이처럼 어느 곳이든 주님께서 계시기만 하면 그 곳이 곧 예배당이었기에, 주님께서 어디에 계시든 거기에서 사람들이 회개하고 거듭나는 생명의 역사가 일어났다.

그래서 우리는 우리의 예배당을 소유하지 않기로 했다. 이것은 건물 밖에서, 산 위에서나 혹은 바닷가에서 예배드리려 했다는 말이 아니다. 현대는 옛날과 같은 농경시대가 아니다. 대부분의 사람들은 도시 속에서 살아가고 있다. 도시의 예배는 건물 속에서 드려질 수밖에 없다. 어떤 형태로든 예배당은 있어야 한다. 그러나 예배당의 참됨은 규모나 소유 여부에 의해 결정되는 것이 아니다. 오직 그 곳에 주님께서 계시는가 아닌가에 따라 판가름나는 것이다.

그렇다면 주님께서 계시는 예배당이란 무엇을 의미하는가? 주님께서 어떻게 건물 속에 계실 수 있는가? 그 속에 있는 사람들이 주님을 중심에 모시고 살아가는 사람들일 때, 그 예배당은 형태나 소유의 여부에 상관없이 주님께서 계신 예배당인 것이다. 다시 말해 교회 된 그리스도인들이 교회의 본질에 충실할 때, 그들이 있는 곳은 어떤 곳이든 아름다운 예배당이다. 따라서 우리가 우리의 예배당을 소유하지 않기로 했다는 것은, 우리가 언제나 주님을 모시고 살아가는 교회의 바른 본질로 우리 자신을 회복시켜 가는 것을 최대의 목표로 삼았다는 말이다. 다른 말로 표현한다면, 우리 자신을 하나님의 성전으로 회복시키는 것을 가장 우선시했다는 말이다.

주님께서는 인간의 욕망이 판을 치는 예루살렘 성전을 가리켜 강도의 굴혈이라 말씀하셨다. 그 성전은 이스라엘 사람들의 긍지요 자부심이었는데도 말이다. 반면에 성경은 이렇게 말씀하고 있다.

> 너희가 하나님의 성전인 것과 하나님의 성령이 너희 안에 거하시는 것을 알지 못하느뇨? 누구든지 하나님의 성전을 더럽히면 하나님이 그 사람을 멸하시리라. 하나님의 성전은 거룩하니 너희도 그러하니라(고전 3:16-17).

> 너희 몸은 너희가 하나님께로부터 받은 바 너희 가운데 계신 성령의 전인 줄을 알지 못하느냐? 너희는 너희의 것이 아니라 값으로 산 것이 되었으니, 그런즉 너희 몸으로 하나님께 영광을 돌리라(고전 6:19-20).

> 너희는 사도들과 선지자들의 터 위에 세우심을 입은 자라. 그리스도 예수께서 친히 모퉁이 돌이 되셨느니라. 그의 안에서 건물마다 서로 연결하여 주 안에서 성전이 되어 가고 너희도 성령 안에서 하나님의 거하실 처소가 되기 위하여 예수 안에서 함께 지어져 가느니라(엡 2:20-22).

성경은 우리 자신을 가리켜 하나님께서 거하실 성전이므로, 우리 자신을 하나님의 성전으로 회복시켜 갈 것을 명령하고 있다. 하나님께서는 언제나 건물이 아닌 우리 자신을 요구하고 계신다는 뜻이다. 강도의 굴혈과도 같던 우리를 '움직이는 하나님의 성전'(portable temple)으로 회복시키는 것이 하나님의 뜻이요, 그 일을 이루어 주시기 위하여 이 땅에 오신 분이 예수 그리스도이시다. 우리 자신이 그리스도 안에서 하나님을 모시는 성전으로 회복되기만 하면, 설령 우리가 판잣집에서 예배를 드린다 할지라도 그 곳은 지극히 아름다운 예배당이 될 것이요, 우리의 수가 아무리 적다 할지라도 우리는 향기로운 주님의 교회가 될 것이다. 성전 된 우리가 어느 곳에 있든 그 곳에 주님께서 함께하고 계시기 때문이다. 그래서 우리는 먼저 땅을 사고 건물을 지어 예배당을 소유할 겨를이 없었다. 우리 자신을 하나님의 성전으로 회복시키는 것이 무엇보다 시급했던 것이다. 그것만이 이 혼란한 시대 속에서 교회의 본질을 회복하는 길임을 확신하면서 말이다. 주님의교회는 여기에서부터 시작되었다.

이것은 참으로 주님의 크나큰 은총이었다. 우리에게 이와 같은 선한 생각을 주셨던 분이 주님이셨다. 만약 주님께서 우리에게 처음부터 이 은총을 베풀어 주시지 않았던들, 오늘의 주님의교회는 지금과는 전혀 다른 모습이었을 것이고, 내가 주님의 은총을 증언하기 위하여 이 책을 쓸 이유도, 독자가 이 책을 읽을 까닭도 없을 것이다.

2. 교회 주인의 회복

나는 모태신자로 태어났다. 그리고 비록 선데이 크리스천이었을 망정, 25세 때에 서리 집사로 임명을 받았다. 약 300여 명이 출석하던 작은 교회에서였다. 29세가 되어서는 이사 간 동네의 교회로 교적을 옮겼고, 당시 1,500여 명이 출석하던 그 교회에서는 여러 해 동안 제직으로 많은 일을 하게 되었다. 그리고 37세 때 신대원에 입학하여 2학년 되던 해부터 3년 동안, 교인 수가 20,000명이 넘는 한국의 대표적인 교회에서 교육전도사로 봉사하였다. 말하자면 내가 목회를 시작하기 전 나는 한국의 소형 · 중형 · 대형 교회를 모두 경험했던 것이다. 그 세 교회 사이에는 규모와 수준, 위치와 여건상 엄청난 차이가 있었음에도 불구하고 한 가지 공통점이 있었다. 교인석과 커튼 너머의 뒤쪽이 동일하지 않다는 것이었다. 교인석에 앉아 예배드릴 때는 은혜로웠다. 어김없이 주님의 교회임이 분명해 보였다. 그러나 일단 커튼을 열고 교회 뒤쪽으로 가면, 그 곳은 교인석과는 너무나 판이하였다. 그 곳의 주인은 목사나 장로 혹은 그 교회의 유력자였다. 교회라기보다는 대기업의 중역실과 흡사하였다. 은혜와는 거리가 멀었다. 그것은 참된 교회의 모습일 수가 없었다. 그 과정을 거치면서 한국 교회의 실상을 알게 되었다.

한국 교회의 역사란, 분열의 역사라 해도 과언이 아닐 정도로 중단 없는 분열로 점철되어 왔다. 교단은 교단대로 지교회는 지교회대로 끊임없이 분열해 왔다. 그 분열의 주된 원인은 사람이 교단이나 교회의 주인 되려 하기 때문이었다. 주님께서는 성경에서 최초로 교회라는 단어를 언급하실 때, 교회의 주인이 누구이어야 하는지를 아무도 오해할 수 없는 분명한 말씀으로 밝혀 주셨다.

> 가라사대 "너희는 나를 누구라 하느냐?" 시몬 베드로가 대답하여 가로되 "주는 그리스도시요 살아 계신 하나님의 아들이시니이다". 예수께서 대답하여 가라사대 "바요나 시몬아, 네가 복이 있도다. 이를 네게 알게 한 이는 혈육이 아니요 하늘에 계신 내 아버지시니라. 또 내가 네게 이르노니 너는 베드로라. 내가 이 반석 위에 **내 교회**를 세우리니 음부의 권세가 이기지 못하리라"(마 16:15-18).

주님께서는, 주님을 하나님의 아들이신 구세주로 믿는다는 인간의 신앙고백 위에 세워지는 모든 교회를 **'내 교회'**, 즉 **'주님의 교회'** 임을 명확히 하셨다. 다시 말해 이 땅의 모든 교회의 주인은 오직 주님뿐이심을 천명하신 것이다. 그러므로 만약 사람이 주인 노릇 하는 교회가 있다면 그 교회의 명칭이 어떠하건 상관없이, 그것은 단순한 인간의 집단일 뿐 결코 주님의 교회일 수가 없다. 스스로 주인 되려는 사람들로 인하여 이 땅의 교회에 분란이 그치지 않음은, 주님만이 교회의 주인이실 수 있다는 이 단순한 원칙이 망각되고 있음이다. 어쩌면 그것은 한국 교회 제도가 낳은 부작용일 것이다.

이 땅에 세워진 교회치고 어떤 교회가 사람을 주인으로 삼기 위하여 세워졌겠는가? 모든 교회는 주님의 교회가 되기 위하여 주님의 이름으로 세워졌을 것이다. 교회 창립의 도구로 쓰임 받은 자들은 목사 장로 할 것 없이 모두, 오직 주님만을 주인으로 섬기려는 진실되고 겸손한 마음으로 시작했을 것이다. 그러나 70세가 될 때까지 한 교회에서 목사나 장로로 시무한 다음에도, 죽을 때까지 원로목사 원로장로로 영향력을 행사할 수 있는 현 제도하에서는, 교회는 어쩔 수 없이 특정인간의 교회로 전락할 수밖에 없는 것이다. 구미의 교회들이 원로목사나 원로장로를 인정치 않고, 일정한 기간마다 오히려 목사와 장로의 재신임을 묻거나, 퇴임한 목사로 하여금 교회와 일정한 거리 밖에서 살도록 제도로 규정하고 있는 것은, 그렇게 하지 않고서는, 교회는 인간의 의지와는 상관없이 특정인간에 의해 지배당하는 인간의 교회가 될 수밖에 없음을 이미 경험했기 때문일 것이다.

개신교가 카톨릭의 도그마 중에서 수용할 수 없는 것 중의 하나가 교황의 무오류성이다. 카톨릭의 교황으로 한번 선출되기만 하면, 그의 임기는 그가 죽어야만 끝난다. 한 마디로 교황은 종신제인 것이다. 그런데 교황으로 선출된 자는 결코 오류를 범하지 않는다는 것을 카톨릭은 절대신조로 삼고 있다. 그가 내리는 결정, 그의 모든 말은 언제나 절대적으로 옳다는 것이다. 이 도그마에 대한 비판이나 새로운 해석은 절대 금기사항이다. 지난 2,000년 동안 교황이 얼마나 많은 실수와 독선과 잘못을 범해 왔는지, 이미 역사적으로 밝히 드러났음에도 말이다. 그래서 독일 신부 한스 큉은, 교황의 무오류성을 비판했다는 죄목으로 1979년 카톨릭으로부터 파문당하고 말았다.

한 인간이 단지 교황이란 직책에 앉았다는 이유만으로 죽을 때까지 단 한 번의 오류도 범치 않을 수 있다고 생각한다면, 그것이야말로 얼마나 엄청난 오류인가? 그렇기에 카톨릭의 수많은 장점에도 불구하고, 적어도 개신교도들의 눈에 카톨릭은 주님의 교회이기보다는 교황의 교회로 더 많이 인식되고 있는 것이다. 그런데 한 교회에서 목사나 장로가 죽을 때까지 영향력을 행사할 수 있도록 제도적으로 뒷받침하고 있는 한국 교회 역시 똑같은 오류를 범치 않을 수 없다. 목사나 장로가 죽을 때까지 한 교회에 영향력을 행사하면서 얼마나 많은 오류를 범하겠는가? 그럼에도 불구하고 그 오류를 교회제도가 정당화시켜 주고 있다면, 그 교회는 어떤 의미에서건 인간의 교회 이상일 수가 없다. 주님의 교회가 될래야 될 도리가 없는 것이다. 교회가 이처럼 인간의 교회화될 수밖에 없는 제도 속에서, 주님께서 주인 되신 진정한 주님의 교회로 회복되기 위해서는 제도를 바르게 잡아야만 했다. 주님의교회가 목사를 비롯한 임직자들의 임기제를 실행하게 된 것은 이런 연유에서였다.

전혀 뜻하지 않게 교회를 개척하는 임무를 주님께로부터 받았을 때, 이미 위에서 설명한 이유로 인해, '내가 주님을 위하여 감당해야 할 최선의 임무는 어떤 경우에도 주님을 교회의 주인 되시게 하는 것'이라 규정하였다. 주님께서 주인 되시지 않는 교회라면 그런 교회를 위해 내 인생을 바칠 까닭도 없고, 또 그것은 나 자신의 파멸을 의미하기도 했다. 먼저 교회의 이름을, 주위에서 탐탁치 않게 생각하는 사람들이 있었음에도 불구하고 '주님의교회'라 지었다. 아무리 세월이 흘러도 주님께서 주인 되심을 잊지 말자는 취지였다. 그 다음 실행한 것이 임기제였다. 내가 목회하는 교회라고 해서 사람의 교회로 전락치 말라는 보장이 어디에 있겠는가? 더욱이 나 자신이 누구보다 허물 많은 사람임에야 두말 해 무엇 하겠는가? 나처럼 부족한 사람이 단지 개척목사라는 이유만으로 인간적인 야망을 이기지 못하여 죽을 때까지 교회에 영향력을 행사한다면, 도대체 교회의 꼴이 어떻게 되겠는가? 그래서 나는 제일 먼저 나 자신의 임기를 스스로 정하였다.

5년, 10년, 15년—이 세 안을 놓고 오래도록 생각하였다. 개척교회라는 특수성을 감안할 때 5년은 너무 짧다는 결론을 내렸다. 자칫 교회가 교회로서 뿌리도 내리기 전에 목사가 교체된다면, 교회에 득보다는 실이 더 많으리라는 판단이 들었다. 반면에 15년은 너무 길었다. 15년이란 기간은, 인간이 무의식중에 주님의 자리를 차지하고도 남을 만큼 과한 기간으로 여겨졌다. 결국 남은 것은 10년이었다. 나는 나의 임기를 10년으로 정하였다. 주님의교회가 1988년 6월 26일 창립되었으므로, 만 10년이 되는 1998년 6월 셋째 주일 사임키로 결정한 것이다. 그리고 교인들에게 나 자신의 결정을 밝혔다. 목사인 내가 나 자신의 임기를 먼저 정하고 발표하였기에, 아무 거리낌 없이 장로 임기 제정도 제안할 수가 있었다.

1990년 10월 둘째 주일에는, 주님의교회 창립 이후 처음으로 장로 임직식이 예정된 날이었다. 소망교회에서 장로 장립을 받았던 이재원 장로님은 취임식을, 그리고 주님의교회에서 피택된 김도묵 · 홍근용 집사님은 장립식을 갖기로 되어 있었다. 나는 그 한 달 전인 9월 초 예비 당회를 열었다. 그리고 주님의교회 제1기 장로가 될 세 분에게 장로 임기 제정을 제안하였다. 그것은 그분들에 대한 내 사랑의 발로이기도 했다. 주님의 신비스런 섭리 속에서 서로 만나 주님의 교회를 개척하는 도구로 더불어 쓰임 받는다는 것은 얼마나 특별한 인연인가? 그렇다면 그분들이 부지중에라도 교회의 주인 되려는 우를 범치 않도록 도와야 할 의무가 내게 있었다. 그분들이나 나나, 모두 변함없이 주님의 종으로만 존재해야 했다. 나는 세 분에게 장로의 임기를, 안식년을 포함하여 13년으로 할 것을 제의하였다. 장로의 임기를 목사인 나의 임기 10년보다 3년이나 길게 잡은 것은, 목사와 장로의 임기가 같이 끝날 경우에 있을 수 있는 혼란을 피하기 위함이었다. 처음부터 쉽게 결정된 것은 아니었다. 몇 번의 과정을 거듭한 후에, 세 분은 나의 제안에 동의하였다.

그리고 제1기 장로 세 분과 초대목사인 나 자신에게만 임기를 두는 것이 아니라, 주님의교회가 존속하는 한 모든 당회원들에 대하여 임기제를 실시할 것을 1991년 8월 제직회에서 공식적으로 결의하였다. 즉 담임목사의 임기는 안식년을 포함하여 10년, 장로의 임기는 안식년을 포함하여 13년, 부목사의 임기는 안식년을 포함하여 7년으로 제정하였다. 담임목사와 부목사는 임기가 끝남과 동시에 교회를 떠나며, 장로는 임기 후에는 백의종군키로 하였다. 임기 도중 정년이 되어 은퇴하는 장로는 '은퇴장로', 임기를 마치고 퇴임하는 장로는 '퇴임장로'로 호칭키로 했다. 이로써 주님의교회에는 원로목사나 원로장로가 존재할 수 없게 되었다. 장로들에게도 13년 임기 중 반드시 1년의 안식년을 의무적으로 갖도록 한 것은, 1년 동안 다른 교회도 탐방해 보면서 자기충전과 자기성찰의 기회를 갖게 하기 위함이었다.

근자에 와서 장로의 임기가 너무 길다는 비판적인 이야기를 가끔 듣곤 했다. 지금으로서는 얼마든지 그런 이야기를 할 수 있다. 그러나 지금부터 8년 전 목사와 장로의 임기를 스스로 정한다는 것은 가히 혁명적인 발상이었다. 그 당시 한국 교회의 상황을 감안한다면, 그 결정 자체가 결코 용이한 일이 아니었다. 만약 그분들이 끝내 자신들의 임기 제정을 반대하고, 주님의교회 제1기 장로로서 원로장로로 남기를 탐했다면, 다른 교회 교인들이 그토록 부러워하는 임기제 실시는 아예 불가능했을 것이고, 주님의교회는 이미 사람의 교회로 추락했을지도 모른다. 이런 의미에서 나는 그 때 나의 제안을 받아들여 주었던 1기 장로님 세 분께 지금도 감사를 드린다.

교회의 연륜이 쌓여 가면서 당회원들에 대한 임기제만으로는 부족할 수 있음을 알게 되었다. 당회원들에게 임기가 있음에 반하여, 똑같이 교인들에 의하여 선출되는 안수 집사와 권사에게 임기가 없음은 합당하지 않음을 발견한 것이다. 그래서 당회는 6개월 동안의 거듭된 숙고 끝에 1996년 5월, 안수 집사와 권사의 임기를 안식년 유무에 상관없이 각각 10년과 12년으로 제정하고 소급 적용하기로 하였다. 이로써 주님의교회에서는 선출직인 모든 항존직 임직자에 대하여 임기제를 실시하게 되었다. 적어도 제도상으로는 인간이 부지중에 교회의 주인 되는 우를 평생 범치 않을 장치가 마련된 것이다. 이미 10년의 임기를 끝내고 퇴임한 이 시점에서 되돌아보건대, 이것 역시 하나님의 특별한 은총이었다. 이 임기제야말로 주님을 언제나 주인으로 모셔야 할 우리 스스로를 지켜 주는 주님의 손길임이 분명하기 때문이다. 이 사실을 망각하지 않는 한, 주님의교회가 설령 한순간 실족하는 경우가 있을지라도 곧 주님의 교회로 회복될 것이다.

인간이 교회의 주인 되신 주님의 자리에 부지중에라도 앉지 않기 위하여, 장로와 목사의 이름을 매주 주보 앞면에 게재하지 않기로 했다. 주보에는 순서 맡은 사람의 이름만 밝혔다. 주보를 통해서도 주님만 주인이심을 고백하기 위함이었다.

90년 안수를 받고 첫 당회를 가지기 직전이었다. 당회에서 가장 어른인 이재원 장로님이, 가능하면 당회에서는 가부를 표결에 붙이지 않는 것이 좋다고 했다. 당회가 모든 것을 표결에 의존하면 은혜를 상실하고 분열되기 쉽다는 것이었다. 이 장로님의 그 말은 여러 면에서 내게 많은 깨달음을 주었다. 나는 지난 10년 동안 당회를 주재하면서 그 어떤 안건이든 단 한 번도 표결에 붙여 본 적이 없다. 당회의 의견이 통일되지 않으면 결정을 그 다음으로 미루었다. 그래서 당회원의 뜻이 한데 모아지기를 기다렸다. 당회의 주인은 주님이시기에, 주인이신 주님께서 어느 당회원을 통하여 무슨 뜻을 펼치실지 알 수 없는 일이었기 때문이다.

3. 헌금의 회복

하나님께 바치는 십일조는 두 종류였다는 사실을 신학교에 가서야 처음 알게 되었다. 이에 대하여는 〈톰슨II 주석성경〉(기독지혜사간)이 아주 쉽게 설명해 주고 있다.

> 십일조는 레위인들을 봉양하거나 혹은 사회적인 구제사업을 목적으로 매년 토지 소산이나 가축의 십분의 일(1/10)을 바쳐야 하는 히브리인들의 종교적 의무다(레 27:30). 유대인들은 모세 율법에 나타난 여러 십일조 규례(신 12:5-19; 레 27:30-33; 민 18:21-32)를 근거로 십일조 헌납을 세 단계로 구분했다.
>
> **첫째 십일조** 한 해의 추수가 끝나면 백성들은 먼저 모든 소출의 1/10을 구별하여 자기 성중에 거하는 레위인들에게 주어야 했다(민 18:21-24). 그러면 레위인들은 백성들로부터 받은 십일조에서 다시 1/10을 구별하여 하나님께 거제로 바쳐야 했는데 이것은 곧 제사장들의 몫이 되었다(민 18:26-29). 이처럼 분배받은 기업 없이 성막에서 종교적 직무에만 전념하는 '레위인들과 제사장들의 생계를 보장해 주기 위하여' 이스라엘 백성들이 바쳐야 하는 십일조의 첫 단계를 '첫째 십일조'라 부른다.
>
> **둘째 십일조/축제 십일조** 이것은 첫째 십일조를 바친 백성

들이 그 나머지 소출(9/10) 가운데서 다시 1/10을 구별한 것을 가리킨다. 이것은 자신들이 직접 중앙 성소로 가지고 올라가는데, 한 해 동안 풍성한 축복을 내려 주신 하나님께 감사 축제를 드리는 비용으로 사용되었다(신 12:5-19). 이 때 중앙 성소가 너무 멀면 현물 대신 일단 현금으로 바꾸어 가지고 갔다가 성소 근처에서 다시 잔치에 필요한 예물들을 구입할 수 있었다(신 14:24-26). 한편 이 감사잔치에는 가족과 친지는 물론 수하의 남녀 종들과 성중의 레위인들까지 모두 참여하였다.

셋째 십일조 안식년(제7년째인 이 때에는 토지를 경작하지 않기 때문에 십일조를 바치지 않았다)을 기준으로 제3년과 제6년째에는 위의 '둘째 십일조'로 잔치를 베푸는 대신 각 처소에서 다 모아 성중에 거하는 레위인, 나그네, 가난한 자, 고아, 과부 등을 위한 구제비로 사용하였다(신 14:28-29; 신 26:12). 그리고 이 때 백성들은 자신들이 마련한 이 '둘째 십일조'를 율법대로 가난한 이웃들을 위해 거짓 없이 사용했노라고 하나님 앞에 맹세해야 했다(신 26:13-15). 따라서 이 '셋째 십일조'는 따로 구별된 십일조가 아니라 '둘째 십일조'와 동일한 것인데, 다만 용도에 있어서 다를 뿐이다. 즉 '둘째 십일조'는 안식년을 기준으로 매 1년과 2년, 그리고 4년과 5년째에 쓰는 '감사 축제용'이었고, '셋째 십일조'는 안식년을 기준으로 매 3년과 6년째에 쓰는 '이웃 구제용'이었다.

—〈톰슨II 주석성경〉의 신명기 14장 22-29절에 대한 주석 전재.

이것을 간단히 설명하면 이런 말이다.

하나님의 말씀에 따르면 이스라엘 백성들은 십일조를 두 번 바쳐야 했다. 의무적으로 드려지는 첫 번째 십일조는 성전의 직무를 전담하는 제사장과 레위인들을 위한 경비, 요즈음의 용어를 빌린다면 교회 유지 경비로 쓰여졌다. 그 다음 감사의 의미로 드려지는 두 번째(혹은 세 번째) 십일조(요즈음 용어로 감사헌금)는 성전 유지 목적이 아닌, 이웃과의 나눔이나 구제를 위한 목적으로 사용되었다. 이것을 간추려 말하면, 성전에 바쳐지는 헌금 중 50%는 반드시 이웃을 위하여 사용되어야만 했다는 의미다. 다시 말해 하나님께서는 성전에 바쳐지는 헌금 가운데 50%는 성전 자체를 위하여, 나머지 50%는 성전 밖 이웃을 위하여 사용하도록 명령하셨던 것이다.

주님의교회가 처음부터 헌금의 50%로 선교와 구제를 행하기로 한 것은, 하나님께 바치는 헌금으로 인간이 허세를 부리거나 인심을 쓰기 위함이 아니었다. 그것이 그저 좋아 보여서도 아니었다. 대부분의 교회들이 헌금을 자기 교회만을 위하여 사용하는 그릇된 풍토 속에서, 하나님의 말씀에 따라 헌금을 바르게 사용하는 헌금의 회복을 위함이었다. 헌금의 반을 이웃에게 주고도 나머지만으로 과연 교회가 유지될 수 있느냐고 회의를 표하는 사람들도 있었다. 그러나 그것이 하나님의 법칙인 이상, 우리가 그 법칙을 따르기만 하면 하나님께서 결과를 책임져 주실 것을 우리는 굳게 믿었고, 지난 10년 동안 하나님께서는 우리의 그 믿음을 한 번도 저버리지 않으심으로써 당신의 말씀에 대하여 당신 자신이 신실하심을 우리에게 확인시켜 주셨다.

헌금의 50%를 이웃과 나눔에 있어서 누구와 나누어야 할 것이지, 다시 말해 선교와 구제의 대상을 어디에서 찾아야 할 것인지 고민할 필요가 없었다. 만약 그 대상을 일일이 우리가 찾아다녀야 했다면, 그것은 참으로 어려운 일이었을 것이다. 헌금의 50%는 적은 금액이 아니었던 것이다. 그러나 신비스럽게도 처음부터 도움을 요청하는 사람들이 계속 나타났다. 주님의교회는 막 생긴 교회이기에 외부에 전혀 알려져 있지 않았음에도 불구하고 그랬다. 주님께서 하신 일이었다. 그렇다고 해서 문제가 없는 것은 아니었다. 누구에게 얼마를 나누어 주느냐 하는 문제가 대두된 것이다. 여러 과정을 거친 후에 당회에서는, 요청해 오는 순서대로 요청한 만큼 나누어 주기로 하였다. 오직 당회원들의 인간적인 판단만으로 구제의 대상을 선정하고 금액을 결정하는 것은, 그 헌금의 주인 되시는 하나님의 뜻과는 무관할 수도 있다고 생각하게 되었던 것이다.

헌금의 50%를 순서대로 나누어 주다 보면, 자칫 거짓된 자들이 우리를 속일 수도 있다는 우려가 전혀 대두되지 않았던 것은 아니다. 그러나 그것 또한 헌금의 주인이신 주님께 맡기기로 하였다. 우리 역시 주님 앞에서 늘 거짓된 삶을 살고 있지만, 그럼에도 불구하고 주님께서는 우리의 필요를 채워 주시는 분이지 않은가? 그렇다면 우리 보기에 비록 문제가 있어 보이는 사람이라 할지라도, 우리를 통하여 그 사람을 책임져 주시려는 하나님의 뜻을 우리가 가로막을 수는 없다고 판단했던 것이다. 오히려 순서대로 나눔을 행하면서 당회원들이 놀라지 않을 수 없었던 것은, 매달 확보된 금액만큼만 요청이 온다는 것이었다. 그것 또한 헌금의 주인이신 주님께서 하신 일이었다.

교인 수와 헌금 액수가 계속 증가되면서 더 이상 당회가 이웃과의 나눔을 직접 주관할 수 없는 상황이 되었을 때, 제직회의 각 부서에 그 일을 일임하였다. 그러나 헌금의 주인이 사람이 아닌 하나님이시라는 사실을 망각치 않도록 서로 노력하였다. 뒤에 가서 상세히 언급하겠지만, 97년부터는 헌금 50%의 거의 대부분을 정신여고 대강당 건축을 위하여 사용하고 있다. 정신여고에 대강당을 지어 드리는 것이야말로, 하나님께서 주님의교회에 맡기신 또 다른 이웃과의 나눔이기 때문이다.

지난 10년 동안 주님의교회는 연말 연시에, 교회의 이름으로 예산을 공식적으로 편성해 본 적이 없다. 있다면 지난달 혹은 지난해에 대한 결산서만 있을 뿐이다. 이유는 간단하다. 교회는 기업이 아니요, 헌금의 주인은 하나님이시기 때문이다. 하나님께서 우리에게 얼마의 헌금을 허락하실지 아무도 모르는 판에 어떻게 예산을 짤 수 있겠는가? 그런데도 순전히 인간의 추정에 의해 예산을 편성하고 그 예산에 따라 헌금을 독려하고 집행한다면, 그것은 인간이 헌금의 주인 되었음을 뜻하는 것일 것이다. 우리는 하나님께서 얼마를 주시든, 단지 하나님께서 주신 것을 하나님의 뜻에 따라 사용하려고 애썼을 뿐이었다. 따라서 공식적인 예산서는 없었지만, 결산만은 기업수준으로 철저하게 하였다. 그리고 투명성을 위하여 매년 세 달마다 분기별로 전교인들에게 결산보고서를 공개하였다. 그것이 헌금의 주인 되신 하나님과, 하나님께 헌금을 바친 교인들에 대한 의무라 생각했다.

나는 지난 10년 동안 하나님께 바친 헌금을 내가 직접 관리하거나, 전표에 사인을 하거나, 혹은 재정관련 서류에 결재를 해 본 적이 단 한 번도 없다. 헌금을 단돈 1원이라도 만져 본 적도 없다. 재정관리에 문외한이어서가 아니다. 작지 않은 사업을 해 보았기에 회계에 관하여는 내게도 일가견은 있다. 그럼에도 불구하고 헌금에 관한 한 철저하게 거리를 두었던 것은 성경말씀 때문이었다.

> 그 때에 제자가 더 많아졌는데 헬라파 유대인들이 자기의 과부들이 그 매일 구제에 빠지므로 히브리파 사람을 원망한대 열두 사도가 모든 제자를 불러 이르되 "우리가 하나님의 말씀을 제쳐 놓고 공궤를 일삼는 것이 마땅치 아니하니, 형제들아, 너희 가운데서 성령과 지혜가 충만하여 칭찬 듣는 사람 일곱을 택하라. 우리가 이 일을 저희에게 맡기고 우리는 기도하는 것과 말씀 전하는 것을 전무하리라" 하니, 온 무리가 이 말을 기뻐하여 믿음과 성령이 충만한 사람 스데반과 또 빌립과 브로고로와 니가노르와 디몬과 바메나와 유대교에 입교한 안디옥 사람 니골라를 택하여 사도들 앞에 세우니 사도들이 기도하고 그들에게 안수하니라(행 6:1-6).

성경은 목회자의 역할을 '기도하는 것과 말씀 전하기를 전적으로 담당하는 것(專務)'이라 정의하고 있다. 헌금관리는 목회자의 몫이 아니다. 목회자가 헌금과 거리를 둘수록, 주님께서 주인이신 헌금의 진정한 의미는 회복된다.

한국 교회는 헌금봉투에 헌금자의 이름을 쓰는 것을 당연시한다.

그것도 모자라 주보에 이름을 게재하기까지 한다. 어떤 교회는 예배시간에 헌금자의 이름을 호명하기도 한다. 우리도 처음에는 헌금봉투에 이름을 썼고 주보에도 올렸다. 그러나 늘 마음이 편치 않았다. 아무리 생각해도 이름을 밝힌다는 것은 사람에게 확인받기 위한 의미 이상일 수는 없어 보였다. 단지 헌금봉투에 이름을 기록치 않는다고 해서 하나님께서 그 헌금이 누구의 헌금인지 알지 못한다면, 그런 하나님은 전능하신 하나님일 수도 없고, 귀한 물질과 시간을 쏟아 가며 그런 무능한 하나님을 믿을 이유도 없다. 하지만 그저 내게 거슬린다는 이유만으로 이름 쓰기를 중단할 수는 없었다. 그러던 중 성경 속에서 헌금의 참된 의미를 밝혀 주는 말씀을 만나게 되었다.

> "부와 귀가 주께로 말미암고 또 주는 만유의 주재가 되사 손에 권세와 능력이 있사오니 모든 자를 크게 하심과 강하게 하심이 주의 손에 있나이다. 우리 하나님이여, 이제 우리가 주께 감사하오며 주의 영화로운 이름을 찬양하나이다. 나와 나의 백성이 무엇이관대 이처럼 즐거운 마음으로 드릴 힘이 있었나이까? 모든 것이 주께로 말미암았사오니 우리가 주의 손에서 받은 것으로 주께 드렸을 뿐이니이다"(대상 29:12-14).

이것은 다윗이 하나님께 예물을 바치면서 드린 기도이다. 다윗은 자신이 소유하고 있는 모든 것이 하나님에 의하여 주어진 것임을 믿는 신앙고백으로 하나님께 예물을 드리고 있다. 다시 말해 자신의 것을 하나님께 바치는 것이 아니라, 본래 하나님의 것을 하나님께 되돌려 드리고 있는 것이다. 그제서야 우리가 봉헌 때마다 부르는 찬송가 70장의 가사가, 다윗의 이 신앙고백에 근거하고 있음을 알게 되었다.

> "모든 것이 주께로부터 왔으니 이 예물을 주께 바치나이다. 아멘."

모를 때는 어쩔 수 없었다 하더라도, 일단 헌금의 의미를 바르게 안 다음에야 더 이상 헌금봉투에 이름을 쓸 수는 없었다. 하나님의 것을 하나님께 되돌려 드리면서 인간의 이름을 쓴다면, 그것이야말로 헌금의 의미를 왜곡하는 짓이었다. 그래서 당회의 결의를 거쳐 1991년 1월 1일부터 헌금봉투에 헌금자의 이름 쓰는 난을 아예 없애 버렸다. 전교인이 무명으로 헌금하기 시작한 것이다. 아울러 그 때부터 예배당 입구에 헌금함을 비치하고 들어가면서 봉헌토록 하였다. 그 이후로 주님의교회 모든 헌금과 헌물 그리고 헌납은 완전 익명으로만 행해지고 있다. 누가 얼마를 하나님께 바치는지는, 그야말로 하나님 외에는 아무도 모른다. 그러나 소수의 우려와는 달리 헌금은 조금도 줄지 않았다. 단 한 해의 예외도 없이 매년 증가하였다. 헌금의 주인은 역시 하나님이신 것이다.

지난 10년 동안 헌금을 강요하거나 독려하는 설교를 해 본 적이 없다. 자발성과 순수성을 결여한 헌금은 하나님을 향한 진정한 봉헌일 수가 없다고 여겼던 것이다. 거의 모든 교회가 그렇게 하는 것처럼, 장로나 안수 집사 혹은 권사로 임직하는 임직자들에게 의무적으로 특별헌금을 하게 한 적도 없었다. 그것은 헌금의 왜곡일 뿐만 아니라, 또 다른 의미의 성직 매매일 수 있다고 판단했다.

교회의 헌금으로 성가대 지휘자나 반주자에게 사례비를 지급한 적도 없었다. 구약에서 레위인들이 생계를 보장받았던 것은, 그들이 성전 임무 외에는 세속 직업을 갖지 않았기 때문이었다. 그들은 성전에 관한 한 파트타임이 아니라 풀타임 사명자들이었던 것이다. 만약 성전이 그들의 생계를 보장해 주지 않는다면 그들에게는 달리 살아갈 방도가 있을 수 없는, 전업 사명자들이었다. 이와 같은 전업 사명자들 이외의 사람들에게 헌금으로, 봉사와 관련하여 사례비를 지급한 경우를 우리는 성경에서 찾아볼 수가 없다. 대가를 요구하는 봉사는 봉사일 수가 없고, 봉사를 사기 위해 지급되는 것이라면 헌금일 수가 없기에, 그것은 헌금과 봉사의 참된 의미를 동시에 지키기 위함이었을 것이다. 주님의교회 모든 성가대 지휘자와 반주자들이 자원 봉사자들로만 구성되어 있는 까닭이 여기에 있다. 그렇기에 그들의 봉사는 참된 봉사일 수가 있고, 교인들이 바치는 헌금은 진정한 봉헌일 수가 있는 것이다.

이 모든 것을 가능하게 하신 분은, 두말 할 것도 없이 주님이셨다.

4. 예배의 회복

만인제사장설은 중세 개혁자들이 역설한 핵심사상이었다. 성경이 다음과 같이 증거하고 있기 때문이다.

사람에게는 버린 바가 되었으나 하나님께는 택하심을 입은 보배로운 산 돌이신 예수에게 나아와 너희도 산 돌같이 신령한 집으로 세워지고 예수 그리스도로 말미암아 하나님이 기쁘게 받으실 신령한 제사를 드릴 거룩한 제사장이 될지니라(벧전 2:4-5).

더 이상 레위인만 제사장이 되는 것이 아니었다. 구약시대의 제사장만을 통하여 예배를 드릴 수 있는 것도 아니었다. 성경은 주님을 믿는 모든 사람들을 향하여 하나님께 직접 제사를 드릴 거룩한 제사장이 되라고 명령하고 있다. 거룩한 제사장이 되는 데에는 특별한 조건이 따로 없었다.

오직 너희는 택하신 족속이요 왕 같은 제사장들이요 거룩한 나라요 그의 소유된 백성이니, 이는 너희를 어두운 데서 불러 내어 그의 기이한 빛에 들어가게 하신 자의 아름다운 덕을 선전하게 하려 하심이라(벧전 2:9).

구원의 빛 속에 거하기만 하면 다시 말해 누구든지 그리스도 안에 있기만 하면, 그는 이미 왕 같은 제사장이 되었다는 것이다. 주님 안에서는 모든 만민이 구별 없이 제사장임을 성경이 직접 천명하고 있는 것이다. 예수 그리스도께서 하나님과 우리 사이를 연결해 주시는 통로가 되어 주셨기 때문이다. 그래서 주님께서 십자가 위에서 제물 되어 돌아가셨을 때에, 인간과 하나님 사이를 가로막고 있던 성소의 휘장이 찢어져 버렸다. 예수 그리스도야말로 하나님께 나아가는 길임이 증명되었던 것이다. 그 결과 예수 그리스도 안에서 갈릴리의 비천한 어부들도 왕 같은 제사장이 될 수 있었고, 바울 같은 살인자도 거룩한 제사장의 직무를 수행할 수 있었다.

중세 개혁자들이 유독 이 만인제사장설을 강조했던 것은, 카톨릭 교회에서는 서품 받은 사제를 통해서만 하나님께 예배를 드릴 수 있기 때문이다. 사제가 없으면 예배가 성립될 수 없다. 당연한 결과로 사제가 없으면 교회도 존재할 수 없다. 그러나 그것은 비성경적인 것이다. 그것은 예수 그리스도의 강림 이전 구약시대로의 회귀에 지나지 않는다. 그렇기에 개혁자들은 그리스도 안에서는 만인이 제사장이요, 누구든지 그리스도 안에서 언제든 직접 예배드릴 수 있음을 역설하지 않을 수 없었던 것이다. 그리고 이 만인제사장 사상은 개신교의 기본정신이 되었다.

그러나 오늘날 개신교의 예배를 보면, 만인제사장이라는 성경 말씀은 대부분의 경우 부인되고 있음을 발견하게 된다. 공식적인 주일 낮예배의 인도와 설교는 언제나 목사가, 그리고 대표기도는 장로가 거의 전담하고 있다. 왜 그들만이 독점하고 있는가? 이유는 단 한 가지, 목사나 장로는 안수 받은 자이기 때문일 터이다. 서리집사가 주일 낮예배 시간에 기도를 한다든가 혹은 목사와 설교를 나누어서 한다는 것은, 적어도 미조직 교회가 아니고서는 언감생심 상상치도 못할 일이다. 그렇다면 개신교 역시 안수 받은 사제가 있어야만 예배가 가능하다는 카톨릭이나, 레위 제사장을 통해서만 제사를 드릴 수 있던 구약과 전혀 다를 바가 없다. 무엇보다 이것은 성경 말씀에 위배되는 것이다. 그렇기에 우리의 예배는, 그 예배에 참여하는 모든 이가 제사장이 될 수 있도록 회복되어야만 했다.

나는 처음부터 예배시에 목사 가운, 즉 성의(聖衣)를 입지 않았다. 교회력에 따른 절기 때에 스톨(stole) 같은 것을 착용해 본 적도 없다. 강단 위에는 아예 의자를 두지 않았다. 인도사, 기도자, 설교자는 모두 자기 순서 때에만 강단에 오르고, 순서가 끝나면 강단 아래쪽 교인석에 함께 앉았다. 우리는 그리스도 안에서 다 똑같은 존재임을 시각적으로 서로 확인하기 위함이었다. 목사가 거룩한 성의를 입고 강단 위에 정좌한다는 것은 확실히 멋진 모습일 수 있다. 그러나 그것은 은연중에 목사와 교인을 구별 짓는 행위일 수가 있다. 목사 홀로 성의를 입고 강단에 앉아 있는 한, 그 예배에 참여한 모든 교인이 만인제사장일 수는 없다. 그만 홀로 제사장인 것이다. 만인제사장의 회복은 성의를 벗고 강단 아래에 앉는 것으로부터 시작해야 했다. 단지 세례식이나 혼인예배 등 예식을 집례할 때에 한해서는 성의를 입었다. 예식은 의식(ceremony)인만큼, 그 예식과 관련된 자들에게 조금이라도 더 은혜로운 봉사를 행하기 위함이었다.

주님의교회 주일 낮예배 시간에는 서리 집사들도 돌아가면서 대표기도를 하였다. 그리스도 안에서 만인이 제사장임을 믿는다면, 서리 집사 역시 공식적인 예배에 전교인을 대표하여 기도드릴 수 있음이 마땅했다. 그래서 남자 서리 집사들은 3부로 드리는 주일 낮예배 시에, 그리고 여자 서리 집사들은 주일 저녁 찬양예배와 수요예배 시간에 등록 순서대로 기도를 하였다. 아무도 이것을 이상하게 생각하지 않았다. 그러나 1995년에 이르러서야 남자 서리 집사만 주일 낮예배 시간에 대표기도를 드린다는 것은, 또 다른 인위적인 구별임을 깨닫게 되었다. 주님께서 만인이 제사장이라고 말씀하실 때 여자를 제외하신 것이 아니라는 뒤늦은 자각이었다. 한국 교회가 여성 목사와 여성 장로를 세우는 바에야 두말 해 무엇하겠는가? 당회는 95년 11월, 4개월에 걸친 숙의 끝에 마침내 1996년 1월 1일부터 여자 서리 집사도 주일 낮예배 대표기도를 할 수 있도록 결의하였다. 장로, 안수 집사, 권사를 비롯하여 모든 서리 집사 역시 남녀를 불문하고 구별 없이 등록 순서대로, 주일 낮예배, 찬양예배, 수요예배 기도를 돌아가면서 맡게 되었다. 기도에 관한 한, 만인제사장 사상이 회복된 것이었다.

여러 차례에 걸쳐 교인들과 더불어 설교하였다. 본문 말씀과 정확하게 일치하는 체험을 한 사람이 있을 경우 그와 함께 설교한 것이다. 그의 입장에서 본다면 간증설교인 셈이었다. 순서는 내가 먼저 할 때도 있었고, 그 반대의 경우도 있었다. 그 때의 상황에 따라 순서가 결정되었다. 단순히 간증을 하는 것이 아니라 설교시간에 설교를 함께 하는 것이니만큼, 사전에 미리 원고를 받아 몇 번이고 수정하게 하였다. 설교 전에는 당사자와 함께 기도드렸다.

"하나님, OOO 집사님이 저와 함께 오늘 설교를 하게 되었습니다. 주님의 은혜가 함께하여 주옵소서."

교인과 함께 설교할 때마다 교우들은 언제나 더 큰 은혜를 체험하곤 했다. 94년 어버이 주일 낮예배 시간에는 가나안 농군학교 김범일 장로님을 모시고 효에 관한 설교를 들었다. 효에 관한 한 그분은 탁월한 설교자였기 때문이다. 그 날 모든 교인들이 내가 설교할 때보다 훨씬 더 큰 은혜를 경험했음은 두말 할 나위가 없다.

이와 같이 주일 낮예배 설교시간에 목사 아닌 분들을 강단에 서게 했던 것은, 그리스도인은 모두 주님 안에서 만인제사장임을 믿었던 까닭이다.

때로는 설교의 일부를 성극으로 대신하기도 했다. 특히 강남 YMCA 대강당에서 예배를 드릴 때에는, 매년 고난주일마다 예수님의 고난을 성극으로 설교하였다. 탤런트 임동진 장로님이 우리교회를 출석하기 시작하면서부터 성극은 더욱 은혜로워졌다. 성극에 참여하는 한 분 한 분이 모두 설교자였다.

또 설교 후에 성가나 악기연주로 기도를 드리기도 했다. 성경에 나타나 있는 시편이란 모두 하나님께 기도로 드려진 노래였다. 그래서 그 날의 설교 내용상, 인간의 그 어떤 말보다도 하나님을 향하여 우리의 심령을 더 간절하게 표현해 주는 곡이 있을 때에는, 우리도 그렇게 했다. 그 때는 성가를 부르거나 악기를 연주하는 사람이 곧 제사장이 되는 것이었다.

이처럼 만인제사장의 회복, 성경적인 예배로의 회복을 위하여 노력해 갈 때, 예배는 늘 새로울 수 있었다. 근래에 유행하는 바, 믿지 않는 자들을 교회로 끌어들이기 위한 목적으로서의 열린예배가 아니라, 성경이 전하는 만인제사장의 회복을 위한 열린예배는 주님의교회가 그 효시일 것이다.

5. 사고와 시야의 회복

이단이나 사교(邪敎)는 일반적으로 두 가지 공통점을 지니고 있다. 첫째는 집단생활이요, 둘째는 교주에 대한 집중이다. 방안에 교주의 사진을 걸어 두게 한다든가 혹은 교주의 사진을 지갑 속에 지니고 다니게 하면서, 하루에 몇 번씩 사진 속의 교주와 눈을 맞추게 하는 것이다. 이단이나 사교가 이처럼 집단생활과 교주에 대한 집중을 의무화하는 이유는 대단히 간단하다. 사람들의 사고와 시야를 차단하기 위함이다. 바꾸어 말해 교주나 교주의 말 이외에는 듣지도 보지도 못하게 함으로써 바른 판단의 능력을 박탈하기 위함이다. 그래야 교주의 명령에 절대복종하는 교주의 사병이 된다. 실제로 사교집단에 의하여 세상을 떠들썩하게 하는 사건이 발생할 때마다 많은 사람들이 의아하게 생각하는 것은, 어떻게 멀쩡한 사람들이 그처럼 어처구니없이 사교집단과 교주의 노리개로 농락당할 수 있느냐 하는 것이다. 그것은 오랜 기간 동안 사고와 시야를 철저하게 차단당한 결과이다. 일단 사고와 시야가 차단당하고 나면 교주의 모든 말은 지고의 선이 되고 만다. 이단과 사교를 경계해야 할 까닭이 여기에 있다.

그러나 교회 역시 이와 같은 오류를 범하기 쉽다. 만약 고의든 아니든 상관없이 교인들의 사고와 시야를 계속 차단하는 교회가 있다면, 그것은 그들의 의사와는 상관없이, 실은 이단이나 사교에 지나지 않을 수 있다. 인간은 육체를 지닌 유한한 존재인 반면, 우리가 믿는 하나님은 시공을 초월하는 영이시다. 유한자는 무한자를 결코 온전히 알 수 없다. 따라서 유한한 존재가 무한한 하나님을 바로 알아 갈 수 있도록, 교회는 늘 사람들의 사고와 시야를 회복시켜 주는 역할을 감당해야 한다. 사고와 시야가 회복되지 않고서는 코끼리를 가리켜 기둥이라 부르는 어리석음에서 절대로 탈피할 수가 없다. 그 어리석음을 당연한 것으로 착각하는 한, 교회는 이단이나 사교와 다를 바가 없는 것이다.

노아는 600세 되던 해 2월 10일 방주에 들어갔다가(창 7:9-11), 그 다음 해 2월 27일 방주에서 나왔다(창 8:14). 노아는 만 1년 17일 동안 방주 안에서 살아야만 했다. 그런데 하나님의 지시대로 건조된 그 방주에는 세상을 내다볼 수 있는 창이 없었다. 창이라고는 딱 하나뿐이었는데, 그 위치는 천장에 붙어 있었다. 말하자면 노아는 1년 17일 동안 천장의 창을 통하여 하나님만을 바라보아야 했다. 그렇다면 노아의 방주는 이단이나 사교와 동일해 보인다. 노아 역시 가족들과 집단생활을 해야 했고, 하나님에 대하여 시선을 집중해야만 했다. 그러나 노아의 방주가 오히려 사교집단과 정반대인 것은, 사교 교주에게는 집중하면 집중할수록 시야가 차단되지만, 하나님을 향한 집중은 시야의 회복을 가져다 주기 때문이다. 하나님께 집중할수록 하나님의 시선으로 세상을 보게 된다. 나와 피부 색깔이 다른 사람도 하나님의 형상이요, 나와 생각이 상이한 사람도 하나님의 도구요, 내가 미워하는 사람 역시 하나님의 자녀임을 비로소 깨닫게 된다. 그리고 모든 사람과 더불어 조화를 이루며 사는 참 그리스도인으로 성숙되어 가는 것이다. 이런 의미에서 사고와 시야를 바르게 회복한 노아를, 하나님께서 인류의 중시조(重始祖)로 삼으신 것은 너무나 당연한 일이었다. 따라서 우리는 사고 및 시야의 회복을 꾀하기 위하여 총론적으로는 하나님께 시선을 집중하면서, 각론적으로는 우리와 다른 생각을 가진 사람들의 이야기에 귀를 기울였다.

원로 시인 구상 선생님을 모시고 카톨릭 신자가 삶 속에서 실천하고 있는 경건의 모습은 어떤 것인지를 들어 보았다. 카톨릭 신학대학 오경환 신부님으로부터는 '카톨릭에서 본 개신교회' 에 대해, 그리고 하버드 대학에서 박사학위를 받은 김승혜 수녀님에게서는 '수녀가 본 영성의 세계' 란 제목의 가르침을 받았다. 서울대 종교학과 정진홍 교수님의 '교회 안에서 본 교회의 문제', 서강대학 비교종교학과 길희성 교수님의 '비교종교학자가 본 기독교의 문제' 에 대한 강연회도 가졌다. 한국에서 가장 진보적이라고 알려져 있는, 향린교회 홍근수 목사님을 모시고 그분의 복음관에 대한 설교도 들었다. 문학 평론가 이어령 교수님을 초청하여, 성경에 대하여 누구보다도 해박한 지식을 지니고 있을 뿐만 아니라, 예수님의 존재를 믿고 있는 그가 왜 교회의 교인이 되기는 거부하는지 이유를 들어 보기도 했다. 심지어는 동국대학교 불교과 윤호진 스님으로부터, 프랑스 유학 당시 수년 동안이나 수도원에서 기거하였음에도 불구하고, 기독교의 무엇이 그로 하여금 예수님을 구세주로 만나지 못하게 했는지에 대해서도 들어 보았다. 신학자나 목회자가 아닌 장로의 눈에 비친 '한국 교회의 문제' 와 장로가 바라는 '미래의 교회상' 에 대하여, 이진우 장로님과 김도묵 장로님의 소신을 들어 보기도 했다.

이 모든 과정을 거치면서, 편협하고 획일적이기만 하던 우리의 사고와 시야는 하나님을 향하여 회복되어 갔다. 우리에게 주어진 믿음이 얼마나 값진 선물인지를 절실히 깨달으면서, 이 세상 속에서 우리를 어떻게 경건하게 세워 가야 하는지, 우리와 다른 사람들과 어떻게 사랑하며 어떻게 조화를 이루며 살아가야 하는지 각자 깊이 생각하게 되었다.

우리와 다른 교리와 신조를 가진 사람들의 이야기에 귀기울이면서 누구보다 득을 본 사람은 바로 나 자신이었다. 그것 또한 주님의 은총이었다. 만약 그런 과정을 거쳐 나의 시야와 사고가 회복되는 은혜를 얻지 못했다면, 나는 주님의교회 교인들의 사고와 시야를 차단하는 걸림돌이 되고 말았을 것이다. 돌이켜보면 주님의교회가 시작되던 10년 전, 나는 우물 안의 개구리에 불과했기 때문이다.

6. 성경공부의 회복

1988년 6월 26일 한남동에 있는 여성청년교육원에서 주님의교회가 창립되었을 때, 주일 낮예배와 저녁 찬양예배 그리고 수요예배밖에 드릴 수가 없었다. 그 이외의 시간에는 여성청년교육원을 사용할 수가 없었기 때문이다. 하나님의 인도하심 속에서 그 해 11월 1일, 예배 처소를 강남 YMCA 2층 예식장으로 옮기면서부터 감격적으로 새벽기도회도 매일 가질 수 있었다. 강남 YMCA의 배려로 다음해인 1989년 1월 1일부터, 회관 내에 주님의교회가 전용으로 사용할 수 있는 공간 20평을 확보하게 되었다. 그 중 10평은 교회 사무실로 그리고 나머지 10평은 세미나실로 꾸몄다. 주님의교회 전용공간이 생겼다는 것은 주중에도 성경공부를 할 수 있게 되었음을 의미했다.

나는 주님의교회에서의 사역을 시작하기 전에 영락교회에서 교사 성경공부, 홍성사 큼선교회 성경공부 그리고 여성문인선교회 성경공부를 인도하면서, 성경공부가 갖는 영적인 힘을 익히 경험하였다. 따라서 내가 처음부터 가장 역점을 두고자 한 것은 구역 성경공부였다. 소그룹 성경공부가 가장 이상적이고, 구역만큼 모이기 쉬운 소그룹은 없다고 생각했다. 성경공부 교재는 내가 직접 만들었다. 서점에 출간되어 있는 교재 중에서 내 영혼을 끌어당기는 것을 찾을 수 없었던 까닭이다. 한 번 교재를 만드는 데 소요되는 시간은 평균 여덟 시간 정도였다. 내가 구역장을 가르치고, 구역장이 구역원을 가르치게 하는 일반적인 방법을 취하였다. 그러나 1989년부터 시작된 구역 성경공부는 처음부터 낭패였다. 각 구역의 구역장은 남자, 권찰은 여자로 하여 구역을 편성했는데, 구역장인 남자들이 구역장 공부에 참여하지를 않는 것이었다. 일반적으로 구역 성경공부란 여성도들끼리 하는 것이라는 인식이 우리 교회에도 팽배해 있었다. 궁여지책으로 여자인 권찰로 하여금 구역장 역할을 대행하게 했다. 그러나 이번에는 구역원들이 모이지를 않았다. 그 때까지만 해도 초기였는지라, 교인 수가 적어 몇 구역되지 않았음에도 불구하고 구역 성경공부가 제대로 되는 구역은 없었다. 여러 가지 방법으로 독려도 해 보았지만 결과는 달라지지 않았다. 할수없이 구역 성경공부에 참여하기 원하는 교인들을 한데 모아 내가 인도하였다. 각 구역 권찰 외에 참여하는 인원은 손꼽을 정도였다. 말이 구역 성경공부이지 실제로는 구역 성경공부가 아니었다. 구역 성경공부는 실패한 셈이었다.

그 해 여름 '제1회 전교인 여름수련회'가 대전중앙교회 연수원에서 있었다. 당시 주님의교회를 출석하던 장년 120명과 교회학교 어린이 60명 거의 전원 및 다른 교회 교인을 합하여 200여 명이 참여한, 주님의교회로서는 창립 1년 만에 갖는 최대의 행사였다. 우리는 모두 40일 동안 릴레이로 금식기도하면서 수련회를 준비했다. 마침내 수련회가 시작되었을 때, 성령님께서는 2박 3일의 수련회 기간 동안 한 사람 한 사람을 인격적으로 만져 주셨으며, 고요한 가운데 우리와 함께하고 계시는 당신의 실체를 각자 경험케 해주셨다. 상상치도 못할 만큼 은혜로운 수련회가 끝나자 세 가지 변화가 일어났다.

첫 번째 변화는 주일 저녁 찬양예배에서 일어났다. 악기를 다룰 줄 알거나 음악적인 은사를 지닌 자들이 자원하여 찬양리더가 되어, 찬양예배가 명실공히 찬양예배가 되었다. 두 번째는 성경읽기였다. 교인들 사이에 남녀를 불문하고 성경을 처음부터 끝까지 통독하는 분위기가 조성된 것이다. 그 때부터 시작하여 9년이 지난 지금까지 성경을 통독한 사람의 숫자가 1,200명을 넘는다. 세 번째 변화가 구역 성경공부였다. 각 구역의 남자 구역장들이 2학기 때부터 구역 성경공부를 직접 인도하겠다고 자청하고 나선 것이었다. 구역장 거의가 수련회에서 조장이었는데, 조장으로 성경공부를 인도하면서 본인들이 먼저 주님의 은혜를 깊이 체험했던 것이다. 그래서 여름방학이 끝난 9월 첫째 주부터, 매주 금요일 새벽기도회가 끝난 다음에 구역장들을 위한 성경공부를 인도하였다. 시간을 새벽으로 정한 것은 남자들의 출근시간을 고려해서였다. 남자 구역장들을 상대로 성경공부를 처음으로 인도할 때의 감격을 나는 필설로 표현해 낼 재간이 없다. 성령님 아니시고서는 있을 수 없는 일이었다.

남자 구역장이 명실공히 구역장 역할을 감당하자 구역 성경공부가 활성화되지 않을 수 없었다. 금요일 저녁이면 부부가 함께 모여 성경공부 하는 것을 당연시하게 되었다. 구역 성경공부는 여성도들의 전유물이란 그릇된 인식이 불식된 것이다. 새로 등록하는 교인들 역시, 주님의교회 교인은 으레 부부가 함께 구역 성경공부에 참여해야 하는 것으로 자연스럽게 받아들이는 분위기가 되었다. 그리고 9년이 지난 지금까지 출석교인의 약 70%가 매주 구역 성경공부에 참여하고 있다. 성경공부와 친교를 포함하여 짧아야 두 시간, 길면 세 시간 이상의 구역모임을 통하여, 주님의교회 교인들은 날로 성숙하게 변화되어 갔다. 주님의교회가 오늘의 주님의교회일 수 있었던 힘의 원천이 구역 성경공부였고, 그것은 구역 성경공부를 회복시켜 주신 주님의 역사였다. 그리고 그 역사가 '새신자반', '성숙자반'에 이르기까지 모든 성경공부에 파급되었음은 물론이다.

7. 선교의 회복

1991년 교구를 담당하고 있던 이인호 목사님이 중국 선교를 자청하고 나서, 당회는 이를 공식적으로 결의하였다. 당시만 하더라도 중국 입국 및 체류가 쉽지 않았을 때였다. 이 목사님은 92년부터 중국과 한국을 왕래하는 방식으로 중국 선교를 시작하였다. 주로 조선족들이 많이 있는 길림성 등 동북삼성을 다니면서 가정교회를 지원하였다. 이 목사님이 동북삼성을 누비고 다니면서 뿌린 복음의 씨앗은 이루 말할 수 없을 정도였다. 그러나 중국 정부로부터 체류 허가를 받을 수 없는 이 목사님으로서는, 계속 그런 식으로 선교를 할 수는 없었다. 마침내 이 목사님은 94년 교구 담당으로 복귀했고, 직접 선교는 후일을 기약해야만 했다.

그런데 95년 5월, 중미에 있는 코스타리카 시온 한인교회 김재만 장로님으로부터 목회자를 보내 달라는 요청을 받았다. 내가 먼저 현지를 찾아가 확인한 다음, 본인의 의사에 따라 당회는 금상호 목사님을 파송하였다.

10월이 되어서는 뉴질랜드 한종배 장로님으로부터 역시 목회자 파송 요청을 받았다. 이번에도 먼저 현지를 확인한 뒤, 당회는 본인의 뜻에 따라 이동규 목사님을 파송하였다. 이 목사님이 부임하기 전에 그 곳 교인들은 교회 이름을 미리 '오클랜드 주님의교회'라 지었다.

그뿐만이 아니었다. 그 해 봄에는 미국 이정식 집사님이 변용진 목사님과 함께 '남가주 주님의교회'를 개척하였다. 변 목사님이 방한하여 우리 교회를 견학한 뒤였다. 그 후 남가주 주님의교회에 의해 방송선교가 시작되게 되었다.

그 전해에는 중국에 진출한 홍근용 장로님의 공장에서 천진 한인교회가 창립되었다. 그 해 5월에 양동훈 장로님과 함께 나는 중국을 방문했는데, 그 때를 맞추어 천진 한인교회 창립예배를 드리게 된 것이었다.

그 다음 해에는 이성민 집사님이 기아대책본부에 의해 평신도 선교사로 캄보디아에 파송되었다. 주님의교회가 배출한 최초의 평신도 선교사였다. 이 선교사님은 그 곳에서 캄보디아 주님의사랑교회를 세웠다.

그런가 하면 러시아에서 활동하는 김만조 선교사님은 블라가웨신스크 주님의교회를 또 그 곳에서 세웠다.

이 모든 것은 우리가 계획한 일이 전혀 아니었다. 주님께서 주님의교회로 하여금 태평양을 중심으로 선교하게 하고 계신다는 것을 깨달은 것은 96년이 되어서였다. 그래서 위에 언급한 교회들과 형제 관계를 맺고, 96년 10월 7일부터 9일까지 '제1회 환태평양 선교대회'를 개최하였다. 97년에는 베트남 하노이 한인교회와 호주 시드니 체스우드 한인연합교회와도 형제 교회가 되었다.

선교학에서는 '하나님의 선교'(missio dei)라 말한다. 선교는 인간이 하는 것이 아니라 하나님께서 친히 행하시는 것이요, 인간은 단지 도구에 불과할 뿐이란 의미이다. 이것은 전적으로 옳은 말이다. 주님의교회에 선교가 회복토록 하신 분도 주님이시기 때문이다.

8. 중단 없는 회복의 은혜들

늘 아름다운 일만 있었던 것은 물론 아니다. 실수도 있었고 잘못도 많았다. 그러나 언제나 주님께서 주인 되시는 교회를 이루어가기 위하여 깨어 있기를 힘쓸 때, 우리의 중심을 아시는 주님께서는 우리의 치명적인 실수나 잘못까지도 합력하여 선을 이루게끔 회복시켜 주시곤 했다.

가장 큰 잘못은 1992년 8월 4일 오후, 제4회 전교인 여름수련회장에서 일어났다. 소년부 어린이였던 정민홍 군이 생명을 잃는 사고가 발생한 것이었다. 일종의 안전사고였다. 전혀 사고가 날 장소가 아닌 연수실 내에서의 사고사(事故死)였기에 충격은 더했다. 황급히 달려간 병원 응급실에서 이미 절명했다는 의사의 사망확인이 내려졌을 때, 나는 가슴이 찢어지는 슬픔을 겪어야만 했다. 그것은 이유 여하를 막론하고 수련회를 총지휘한 나의 실책이요, 책임일 수밖에 없었다. 전 교인들이 참여한 수련회장에서의 사고인만큼 교회가 큰 시험에 빠질 만한 일이었다.

그런데 교인들은 그 일로 인하여 다섯 번을 놀라야 했다. 뜻하지 않았던 민홍이의 죽음, 그것도 수련회장에서의 죽음으로 인하여 놀란 것이 첫 번째였고, 사고 이후 민홍이의 부모님을 비롯한 가족들의 의연한 모습으로 인하여 놀란 것이 두 번째였다. 그리고 교회 예배당에서 드려진 민홍이의 장례예배 시, 민홍이의 아버지인 정성기 집사님의 인사말로 인하여 세 번째 놀라야만 했다. 정 집사님은 교인들 앞에 서서 다섯 가지를 감사드리는 것이었다.

첫째 주님께서 민홍이를 모태에서부터 믿게 하시고, 어릴 때 유아세례 받게 해 주신 것을 하나님께 감사드렸다. 둘째 이 세상의 죄악과 탐욕에 오염되기 전, 순결한 영혼의 상태로 아들을 하나님 나라로 불러 주셨음을 하나님께 감사드렸다. 셋째 교통사고나 세상의 궂은 일로 부르신 것이 아니라, 하나님을 사랑하여 말씀을 배우던 수련회장에서 불러 주셨음을 하나님께 감사드렸다. 넷째로 그동안 민홍이가 차지하고 있던 자리가 당장은 공허하게 보이겠지만, 그러나 하나님께서는 감당할 시험밖에는 주지 않는다 하셨으매, 그

빈 자리를 하나님의 은총으로 반드시 채워 주실 것을 믿음으로 하나님께 감사드렸다. 그리고 마지막으로 사고 이후 교인들이 보여 준 사랑에 대하여 교인들에게 감사했다. 교인들은 모두 깊은 깨달음과 함께 뜨거운 눈물을 흘려야만 했다.

그러나 그것으로 끝난 것이 아니었다. 그 다음 주일 교인들은 정 집사님 가족이 하나님께 감사드리기 위해서는 강단에 꽃을 바치고, 교인들에게 감사를 표하기 위해서는 전교인이 먹을 분량의 떡을 준비한 것을 보고 네 번째로 놀랐다. 그리고 그 사고로 인하여 교회가 시험에 빠지지 않고 오히려 은혜 속에서 더욱 굳게 세워짐으로 인해 놀란 것이 마지막 다섯 번째였다. 슬픔을 초월한 정 집사님 가족들의 성숙한 신앙적 모습이 모든 교인들로 하여금 자신들의 신앙을 되돌아보게 해 주었을 뿐만 아니라, 신앙의 궁극적 목표가 하나님의 나라이어야 함을 깊이 깨닫게 해 주었던 것이다.

민홍이의 장례식이 끝난 뒤, 나는 당회에 사표를 제출하였다. 비록 모든 것이 은혜롭게 마무리되었다 할지라도 사고는 엄연한 사고요, 사람이 목숨을 잃는 사고보다 더 큰 사고는 있을 수 없기에 누군가가 책임을 져야 마땅하고, 그 책임은 전적으로 담임목사인 나의 몫이라 판단한 까닭이었다. 나의 사표는 받아들여지지 않았다. 그러나 8월 9일 당회는 다음과 같은 책벌을 결의하였다.

- 이재철 목사 : 8월 셋째 주부터 11월 셋째 주까지 3개월 근신—이 기간 중 설교 시간을 제외하고는 집에서 근신
- 이재원 · 김도묵 · 홍근용 장로 : 3개월 근신—이 기간 동안 당회원 직무를 정지하며 모든 예배 시 기도를 금함

• 황기언 교육부장 · 이성우 소년부장 : 한 달 간 정직
• 이진호 소년부 전도사 : 한 달 간 설교 정지(민홍 군은 소년부 어린이였다.)

3개월 동안 설교 시간과 민홍이의 무덤을 찾는 일 외에는 두문불출하면서 나는 나의 부덕함을 하나님 앞에서 속죄하였다. 그러나 하찮은 인간에 불과한 나의 근신이 무슨 의미가 있겠는가? 오직 만물을 회복하시는 하나님의 은혜에 의해서만 교회도 가정도 회복될 수 있을 따름이었다. 이 사고는 오히려 주님의교회의 결속력을 더욱 강화시켜 주었다.

그 이후 하나님께서는 정 집사님 부부에게 딸 한 명과 아들 한 명을 선물로 주셨다. 애진이와 세홍이—모두 두 눈이 보석처럼 빛나는 아이들이다. 그 모든 것이 회복케 하시는 하나님의 은혜였다.

1995년으로 접어들면서 또 다른 위기가 있었다. 어느 집사님에 의하여 선교비와 관련된 불미스러운 일이 발생한 것이었다. 외부의 사람들이 거짓으로 선교비를 타내는 것은 혹 있을 수 있는 일이다. 그러나 교회 내부 사람에 의하여, 그것도 기름 부음 받은 안수 집사에 의하여 교회의 헌금이 의도적으로 그릇되이 사용되었다면 그것은 교회의 위기가 아닐 수 없었다. 그것은 교회의 정체성과 관련된 문제였기 때문이다. 주님을 믿는 사람들이 본질이어야 할 교회 내에서 교회 내부의 사람에 의해 불미스러운 일이 자의로 행해지고 있다면, 그것은 참된 의미의 교회일 수가 없었다. 정체성의 위기였던 것이다.

당회에서는 심사숙고 끝에, 당사자가 서리 집사도 아닌 안수 집사인만큼, 재발방지와 교회의 거룩성 및 순결성을 지키기 위하여 먼저 진상을 규명한 다음, 그 집사님을 주님의 사랑으로 포용하여 바로 세워 드리기로 하였다. 그것이 공의의 주님이신 동시에 사랑의 주님이신 하나님의 방법이라 믿으면서 말이다. 당회에서 구성된 진상조사 위원회에 의한 조사가 끝날 즈음 그 집사님은 교회를 떠나고 말았다. 사고가 난 금액은 물론 변제되지도 않았다. 그러나 당회는 그것으로 모든 것을 종결지었다. 이미 떠나 버린 집사님에게 법의 힘을 빌려 변제를 요구한다는 것은 덕스럽지 않다는 중론에 의해서였다. 당회는 제직회를 열어 진상을 설명한 다음 교회 재정관리를 잘못한 데 대하여 사과를 구했다. 그러나 그것 또한 엄밀히 따지고 보면 나의 책임이었다. 내가 좀더 말씀을 잘 전했더라면, 내가 그 영혼을 좀더 바르게 인도했더라면 그런 일이 없었을 텐데……. 그 집사님의 머리 위에 손을 얹고 안수를 집례했던 나로서는 참으로 괴로웠다. 그분이 앞으로 어느 교회를 다니든지 하나님께서 진정으로 신뢰하시는 멋진 주님의 종이 되기를, 나는 오래도록 기도해야만 했다.

그러나 이 사건을 계기로 하여 우리는 이심전심으로 우리의 선교 구제에 대해 재고하게 되었다. 이를테면 이제 요청이 오는 대로 나누어 주는 소극적인 방법을 탈피하여, 뭔가 이 시대가 요구하는 것을 찾아 나설 때가 되지 않았는가 하는 생각이었다. 그리고 바로 이와 같은 생각이 뒤에서 언급할 정신여고 강당 건축의 한 동기로 이어지게 되었다. 주님의교회에서 안수 받은 한 집사님을 제대로 인도하지도 못했던 나의 잘못을, 주님께서는 또다시 회복의 은총으로 반전시켜 주신 것이었다.

1995년 가을, 전혀 예상치 않았던 위기가 한 번 더 닥쳤다. 9월에 실시되었던 장로 피택선거가 문제의 발단이었다. 사전 선거운동이 있었던 것이다. 사전 선거운동이라고 해서 금품 같은 것을 돌리는 등의 행위가 있었던 것은 전혀 아니었다. 문제는 특정인을 놓고 당선시키려는 측과 낙선시키려는 측이 서로 충돌한 것이었다. 서로 가까운 사람들에게만 은밀하게 부탁의 전화를 했는데, 적지 않은 사람들이 양측으로부터 상반된 전화를 동시에 받음으로써 문제가 표면화 되었던 것이다. 선거가 끝남과 동시에 누가 누구에게 누구를 지지하는 전화를 했다느니, 누구는 누구에게 누구를 찍지 말라는 부탁을 했다느니 하는 소문이 퍼지기 시작했다. 양측으로부터 모두 부탁을 받았던 사람 가운데는, 교회에서 행하는 선거에도 이런 일이 있을 수 있다면 어찌 주님의교회일 수 있느냐며 항의 전화를 하거나 편지를 보내는 사람들도 있었다. 그 와중에 전혀 사실무근인 헛소문이 난무하였고, 그로 인하여 마침내 당회까지 분열되는 양상을 보이기 시작했다. 분명 주님의교회 창립 7년만에 찾아온 최대의 위기였다.

나의 참담함은 이루 말할 수 없었다. 92년 여름 수련회에서 민홍이가 세상을 떠난 이래, 나는 두 번째로 교회를 떠날 것을 생각하였다. 92년 사고 때에는 나의 책임감으로 인하여 사표를 제출하였으나, 이번에는 인간에 대한 절망감 때문에 떠나려 했다. 주님의 교회는 오직 주님만이 주인이심을 망각치 않기 위하여 담임목사 스스로 임기를 정하여 둔 교회이다. 부지중에라도 인간이 주님의 자리에 앉는 우를 범치 않기 위하여 장로들도 자신들의 임기를 정하여 둔 교회이다. 지난 7년 동안 나는 주님만이 교회의 주인이심을 역설하여 왔다. 임직자 선거가 있을 때마다 모든 임직은 결코 명예직이 아니라 헌신직임을, 그러므로 누구든지 임직을 통해 자신을 과시하려는 자에게는 오히려 임직이 화가 될 수 있음을 누누이 강조해 왔다. 이것이 지난 7년 동안의 주님의교회였다. 이런 교회라면 적어도 임직자 선거시 사전 선거운동이 있을 수 없음이 마땅했다. 교회의 주인 되신 주님께서 원하시는 사람이 주님에 의해 피택될 수 있도록, 기도하는 겸손한 마음으로 자신의 한 표만을 은밀하게 행사해야만 했다. 그렇지 않으면 투표의 의미 자체가 없어지고 만다.

주님의교회에서는 임직자 선거가 있을 때마다 인간의 투표를 통하여 하나님의 뜻이 바르게 이루어질 수 있도록 하기 위하여, 선거인 명부를 만들고 칸막이가 쳐진 기표소에 한 사람씩 들어가 철저하게 비밀투표를 한다. 신성한 교회에서 행해지는 투표에 어떤 경우에도 사람의 입김이나 부정이 작용치 못하도록 하기 위함이다. 이처럼 이름만이 주님의교회가 아니라 모든 면에 걸쳐 진정한 주님의 교회가 되도록 온갖 노력을 기울여 왔음에도 불구하고, 만 7년 만에 주님이 주인 되신 주님의교회에서 주님의 종을 선출하는 투표로 인하여 주님의 교회에 심각한 분란이 일어났으니, 나의 심정은 참담하지 않을 수 없었다. 그리고 참담한 만큼 인간에 대한 절망은 더 깊기만 했다. 지난 7년 동안 밤잠을 설치며 전념해 온 나의 목회가 내 속에서 허물어져 내리고 있었다. 내가 이 곳에서 할 일이란 더 이상 없어 보였다. 그래서 나는 나의 임기를 앞당겨 교회를 떠날 생각을 했던 것이다.

그런데 기도하는 가운데 인간—이것은 타인을 의미한다—에 대한 절망은 곧 나 자신에 대한 절망으로 바뀌어 갔다. 그 모든 분란의 책임이 나에게 있음을 주님께서 통감토록 해 주신 것이었다. 내가 7년이나 목회한 주님의교회에서 투표로 인한 분란이 빚어졌다면, 그것은 그 때까지 내가 교인들에게 주님이 주인 되신 교회의 형식만 보여 주었을 뿐, 주님의 교회의 참된 본질을 아직까지 그들에게 심어 주지 못했음을 의미한다는 것을 주님 앞에서 깨닫게 되었던 것이다. 전혀 누구를 탓할 일이 아니었다. 모든 것이 나의 잘못이었다. 나의 역량이 부족했던 것이다. 그렇기에 나 자신에 대해 절망치 않을 수 없었다. 그토록 부족함에도 불구하고, 썩 목회를 잘하고 있는 것처럼 스스로 착각했던 나 자신의 교만함과 우둔함에 절망할 수밖에 없었다. 나 자신에 대한 절망은 하나님 앞에서의 회개로 이어졌고, 하나님께서는 내가 절망했던 대상들에 대한 사랑을 회복시켜 주셨다. 그들은 모두 내가 사랑해야 할 주님의교회 교인들이었고 하나님의 존귀한 자녀들이었다.

그러므로 나는 임기를 앞당겨 교회를 떠날 수가 없었다. 아니 떠나서는 안 되었다. 만약 떠난다면, 그것은 나의 의사와는 상관없이 분열을 의미할 따름이었다. 오히려 주님 안에서 나 자신을 더욱 바로 세워 감으로써 모두와 더불어, 주님께서 주님의교회를 진정 주님의 교회로 가꾸시는 데 필요한 도구가 되어야만 했다.

그 이후에, 이미 앞에서 언급한 바가 있거니와, 6개월 간의 심사숙고 끝에 당회는 목사와 장로를 제외한 모든 임직자의 임기도 제정하게 되었다. 그것은 주님만을 주인으로 모신다는 우리의 재다

짐이었다. 그리고 시간이 흘러가면서 모든 사람들은, 주님의 종을 선출하는 교회의 투표에서 표대결을 벌인다는 것이 주님 앞에서 얼마나 부질없는 짓인지를 절감하게 되었다. 모르긴 하지만 적어도 나 개인적으로는, 앞으로 주님의교회에서 그와 같은 일이 다시 일어나지는 않으리라 믿고 있다. 그만큼 그 사건은 모두에게 유익한 결과를 가져다 주었다. 이것 역시 회복케 하시는 주님의 은총이 아니었던들 도저히 있을 수 없는 일이었다.

이처럼 우리는 거듭하여 잘못을 저질렀고, 우리의 허물로 인하여 수많은 위기를 당하곤 하였지만, 그러나 우리의 중심이 주님을 향하여 있을 때, 우리의 모든 부족함에도 불구하고 주님께서는 그때마다 회복의 은혜로 더욱 굳건하게 회복시켜 주셨다. 그래서 주님의교회는 변함없는 주님의 회복의 은총 속에서, 오늘도 주님의 교회로 존재하고 있는 것이다.

2 무엇을 모델로 삼았는가?

나는 1장에서 목회를 '자유와 회복'이라고 정의했다. 비성경적이고 그릇된 모든 인습이나 구습으로부터의 자유, 그리고 성경을 통하여 하나님께서 요구하고 계시는 교회로의 회복—이것이 나의 목표였다. 이 목표를 이루어 가기 위하여 나는 먼저 회복의 모델을 분명하게 설정해 두어야 했다. 명확한 모델이 없을 때 우리의 목표는 자칫 궤도를 이탈하여 표류하거나, 아니면 독선적으로 변질되기 쉬운 까닭이었다.

나는 회복의 모델을 창세기 2장 8절부터 17절까지에서 찾았다.

> 여호와 하나님이 동방의 에덴에 동산을 창설하시고 그 지으신 사람을 거기 두시고 여호와 하나님이 그 땅에서 보기에 아름답고 먹기에 좋은 나무가 나게 하시니 동산 가운데에는

> 생명나무와 선악을 알게 하는 나무도 있더라. 강이 에덴에서 발원하여 동산을 적시고 거기서부터 갈라져 네 근원이 되었으니 첫째의 이름은 비손이라. 금이 있는 하윌라 온 땅에 둘렀으며, 그 땅의 금은 정금이요 그 곳에는 베델리엄과 호마노도 있으며, 둘째 강의 이름은 기혼이라. 구스 온 땅에 둘렀고, 셋째 강의 이름은 힛데겔이라. 앗수르 동편으로 흐르며, 넷째 강은 유브라데더라. 여호와 하나님이 그 사람을 이끌어 에덴동산에 두사 그것을 다스리며 지키게 하시고 여호와 하나님이 그 사람에게 명하여 가라사대 "동산 각종 나무의 실과는 네가 임의로 먹되 선악을 알게 하는 나무의 실과는 먹지 말라. 네가 먹는 날에는 정녕 죽으리라 하시니라".

내가 회복의 모델로 삼은 것은 바로 에덴이었다. 에덴으로의 회복—이것을 나의 목회 목표로 삼은 것이다.

성자 하나님이신 예수 그리스도께서 인간의 몸을 입으시고 이 땅에 오신 궁극적인 목적이 인간들에게 하나님의 나라를 주시기 위함이었다. 구원이 회복이라면 그 회복은 하나님 나라에로의 회복이었다. 교회는 하나님 나라의 회복을 위하여 존재하는 것이다. 그렇다면 우리의 삶 속에, 이 땅 위에, 하나님의 나라를 회복한다는 것은 구체적으로 무엇을 의미하는가?

하나님께서는 눈에 보이지 않는 하나님 나라를 눈으로 볼 수 있도록, 이 땅 위에 하나님 나라의 모형을 세우셨던 적이 있으시다. 바로 타락하기 전의 사람을 위하여 하나님께서 만드셨던 에덴이었다. 그러나 인간은 죄를 지음으로 인하여 실낙원하고 말았다. 에덴을 상실한 것이다. 그러므로 죄로부터의 구원이란 곧 에덴으로의 회복이다. 교회란 에덴을 회복하는 곳이요, 복음화란 에덴화요, 선교란 에덴의 확장인 것이다. 이것이 내가 성경 속에서 에덴을 회복의 모델로 삼은 이유이다. 바꾸어 말해 내게 목회란 에덴의 복원인 것이다.

그렇다면 우리의 삶 속에서 에덴을 복원한다는 것은 구체적으로 무엇을 뜻하는가? 필자가 쓴 〈새신자반〉(홍성사 간) 제7장에서도 설명했듯이, 그 해답은 에덴이 어떤 곳인지를 설명하고 있는 위 본문이 제시해 주고 있다.

1. 생명을 회복하는 것

> 강이 에덴에서 발원하여 동산을 적시고 거기서부터 갈라져 네 근원이 되었으니(창 2:10).

에덴은 강이 발원하는 곳이었다. 강, 즉 물이 시작하는 곳이었다. 물은 두말 할 것도 없이 생명이다. 물이 없으면 그 어떤 생명도 존재할 수가 없다. 사막이 죽음인 것은 생명인 물이 없는 까닭이다. 이처럼 생명 그 자체인 물이 에덴에서 발원했다는 것은, 에덴은 생명의 진원지임을 의미한다. 에덴을 회복한다는 것은 그러므로, 잃어버린 생명을 회복하는 것을 의미한다.

생명을 회복하기 위해서는 생명의 법칙을 알아야 한다. 사람이 생명을 지니고 하루하루 살아간다는 것은 무엇을 뜻하는가? 그것은 죽어 가는 것을 의미한다. 인간에게 있어서 삶의 끝은 죽음이기 때문이다. 하루를 살았다는 것은 하루만큼 죽었다는 말이다. 그렇다면 죽는다는 것은 또 무엇을 의미하는가? 그것은 사는 것이다. 죽음을 향해 오늘 하루를 나아갔다는 것은 '오늘'이란 하루를 살았다는 뜻이다. 그러므로 산다는 것은 죽는 것이요, 죽는다는 것은 사는 것이다. 다시 말해, 죽음을 알지 못한 채 살아간다는 것은 실은 하루하루 의미 없이 죽어 가는 것일 뿐이요, 죽음을 알고 죽음을 향해 나아가는 것은 매일 사는 것이다. 이것이 바로 생명의 법칙이다. 죽음을 아는 자만 바른 생명의 사람일 수 있다는 말이다.

생각해 보라. 죽음을 알지 못하는 자가 어찌 바른 생명의 삶을 살 수 있겠는가? 자신의 죽음에 대하여 무지한 자들은 자신의 생명을 허망한 욕망을 위하여 어이없이 탕진할 뿐이다. 그러나 언젠가 원치 아니한 때에 원치 않는 곳에서 원치 않는 방법으로 엄습하게 될 죽음을 직시하면서 살아가는 자는, 죽음을 알기 때문에 하루하루 참된 생명의 삶을 추구하지 않을 수 없다. 창세기 4장 26절은 다음과 같이 증거하고 있다.

> 셋도 아들을 낳고 그 이름을 에노스라 하였으며 그 때에 사람들이 비로소 여호와의 이름을 불렀더라.

인간들이 자발적으로 최초로 여호와를 찾은 기록이다. 왜 인간들은 에노스 때가 되어서야 비로소 여호와를 필요로 했는가? 왜 그 이전에는 자발적으로 여호와를 찾지 않았는가? '에노스'란 말은 사람의 이름을 나타내는 고유명사이기도 하지만, 동시에 보통명사이기도 하다. 보통명사 때의 에노스는 '죽을 수밖에 없는 존재'란 의미이다. 인간들은 자신들이 죽을 수밖에 없는 존재임을 깨닫고서야 비로소 생명의 근원이신 여호와 앞으로 나아갔던 것이다. 다시 말해 죽음에 대한 자각에서부터 참 생명의 삶이 추구되기 시작한 것이다. 죽음을 아는 것은 이처럼 중요하다.

예수님의 십자가를 생각해 보자. 십자가는 골고다 언덕에 세워졌다. 그런데 '골고다'는 해골이란 뜻이다. 왜 그 곳의 이름이 '해골'이었는지에 대하여는 대체로 세 가지 설이 있다. 그 곳 지형이 마치 해골처럼 생겼기 때문이라는 것이 첫째요, 그 장소가 예로부터 사형집행장으로 사용되었기에 여기 저기 해골들이 나뒹굴고 있었던 까닭이라는 것이 둘째다. 그리고 마지막으로는 예수님께서 오시기 훨씬 이전부터 유대인 사이에 내려오던 전설로서, 바로 그 곳에 인류의 시조인 아담의 무덤이 있었고, 그 무덤에서 아담의 해골이 발굴되었기 때문이라는 것이다. 한국 땅에 살고 있는 우리로서는 그 옛날 왜 그 곳의 지명이 '해골'로 명명되었는지 정확한 이유를 알 수 없다. 그러나 그 이유를 규명하는 것은 의미 없는 일이다. 중요한 것은 왜 예수님의 십자가가 이스라엘 전역에서 하필이면 해골이라는 이름의 언덕 위에 세워졌는지 그 이유를 깨닫는 것이다.

해골이라 불리는 곳에 세워진 주님의 십자가를 한번 머리 속에 그려 보자. 그 자체가 참으로 위대한 메시지가 아닐 수 없다. 해골이 죽음의 증거라면 십자가는 생명의 표적이다. 아무리 죽음이 난무하는 해골이라 할지라도 그 위에 십자가가 임하기만 하면, 위로부터 하나님의 생명이 그 십자가를 타고 내려 참 생명으로 거듭나게 된다는 것이, 골고다와 그 위에 세워진 십자가가 우리에게 웅

변하는 메시지이다. 이것이 바로 복음의 핵심이다. 이 진리를 인간들에게 분명하게 깨우쳐 주시기 위하여 주님의 십자가는 해골 언덕 위에 세워져야만 했던 것이다.

그렇다면 누가 주님의 십자가를, 아니 십자가의 주님을 영접하겠는가? 두말 할 것도 없이 인생이란 결국 해골일 수밖에 없는 존재임을 자각한 자, 다시 말해 자신이 에노스임을 통감한 자만 십자가의 주님을 인생의 주인으로 모실 수 있다. 죽음을 안다는 것은 이처럼 절대적이다. 죽음의 인식이야말로 참 생명의 시발점이다. 이것이 내가 지난 10년 동안 죽음이란 주제에 대해 그토록 자주 설교한 이유이다. 죽음의 자각으로부터 에덴의 회복, 생명의 회복이 비로소 가능하기 때문이었다. 나의 목회의 출발점은 에노스, 다시 말해 골고다였던 것이다.

2. 사랑을 회복하는 것

> 강이 에덴에서 발원하여 동산을 적시고 거기서부터 갈라져 네 근원이 되었으니 첫째의 이름은 비손이라. 금이 있는 하윌라 온 땅에 둘렸으며, 그 땅의 금은 정금이요 그 곳에는 베델리엄과 호마노도 있으며, 둘째 강의 이름은 기혼이라. 구스 온 땅에 둘렸고, 셋째 강의 이름은 힛데겔이라. 앗수르 동편으로 흐르며, 넷째 강은 유브라데더라(창 2:10-14).

에덴은 강이 발원하는 곳이요, 강은 물이요, 물은 생명이라 했다. 그러나 물의 의미는 생명만이 아니다. 물은 생명인 동시에 사랑이다. 물은 자신을 필요로 하는 사람의 신분이나 학력이나 나이를 따지지 않는다. 누구에게나 자신을 송두리째 주어 버린다. 자신을 버림으로써 사람들에게 생명을 공급해 주는 것이다. 물은 자신이 더러워짐으로써 사람들의 추함을 깨끗케 해 준다. 만약 물이 스스로 더러워지기를 거부하는 일이 발생한다면, 그 때 인간의 더러움이 어떨 것인지는 상상하는 것만으로도 끔찍하다. 물은 자기를 주장하지 않는다. 그릇더러 자기에게 맞추라 강요하는 것이 아니라 소리 없이 어떤 그릇에든 자신을 맞추어 준다. 이 모든 것이 가능할 수 있음은, 생명인 물이 곧 사랑이기 때문이다. 참된 생명은 언제나 참된 사랑과 동의어이다. 그러므로 에덴을 회복한다는 것은 상실한 사랑을 회복하는 것이다.

사랑이란 무엇인가? 이것을 길게 설명하자면 한량이 없을 것이다. 나는 사랑을 아주 간단하게 다음과 같이 정의하였다.

사랑이란 한 생명의 가치와 무게를, 그가 누구이든 상관없이 내 생명의 무게 그리고 가치와 동일하게 존중하는 행위이다.

생명마다 가치와 무게가 다 다르다고 생각하는 한, 특히 내 생명의 무게와 가치가 이 세상에서 가장 무겁다고 여기는 한, 사랑은 결코 회복되지 않는다. 사랑은 생명의 등가성에서부터 시작한다. 그래서 생명인 물이 곧 사랑이고, 사랑과 생명은 언제나 동의어인 것이다. 생명의 등가성을 깨달을 때에만 내 생명을 사랑하듯, 타인의 생명을 구별 없이 모두 사랑할 수 있다. 에덴에서 발원한 물이 한 방향으로만 흐른 것이 아니라, 네 근원으로 갈라져 동서남북 사방으로 흘러갔다는 것은 바로 이것을 의미하고 있다.

모든 생명의 등가성을 인식할 때에만 타인의 생명을 위한 자기

헌신과 자기낭비가 가능하다. 사랑의 특징은, 사랑에는 반드시 헌신과 낭비가 수반된다는 것이다. 몸과 시간과 물질을 아끼지 않는 것이다. 무엇이든 아깝게 여겨진다면 그것은 이미 사랑이 아니다. 모든 것을 다 주고서도 아쉬워하는 것이 사랑이다. 그러나 아무도 그를 가리켜 헛일한다거나 낭비한다고 비난하지 않는다. 사랑의 본질이 본래 낭비요 헌신이기 때문이다. 에덴에서 발원한 네 강은 실개천이 아니었다. '비손'(פִּישׁוֹן) '기혼'(גִּיחוֹן) '유브라데'(פְּרָת)라는 강의 이름은 각각 '퍼져 나간다', '내어 뿜는다', '열매를 거둔다'는 의미의 동사로부터 유래된 단어들이다. 그 모두는 다 넘쳐흐르는 강들이었다. 모든 생명에게 생명을 공급하고 온갖 더러움을 깨끗하게 씻어 주기 위하여 철철 흘러 넘치는 자기헌신과 자기낭비의 강들이었던 것이다. 다시 말하면 철저하게 경제논리로부터 자유하는 강들이었다.

경제논리에 얽매여서는 사랑은 현실화될 수 없다. 경제논리 속에서는 모든 생명이 도구일 뿐이다. 에덴은, 아니 하나님의 나라는 경제논리로는 절대로 얻어지지 않는다.

> 예수께서 제자들에게 이르시되 "내가 진실로 너희에게 이르노니 부자는 천국에 들어가기가 어려우니라. 다시 너희에게 말하노니 약대가 바늘귀로 들어가는 것이 부자가 하나님의 나라에 들어가는 것보다 쉬우니라"(마 19:23-24).

경제논리의 지배를 당하는 사람은 오히려 하나님의 나라를 상실할 뿐이다. 하나님의 나라는 오직 사랑의 논리에 의해서만 회복된다. 사랑의 논리가 무엇을 의미하는지는, 주님께서 지셨던 자기헌신과 자기낭비의 십자가 위에서 이미 확연하게 드러났다. 그래서 십자가 위에서는 언제나 에덴이 복원되고 하나님의 나라가 회복되는 것이다.

내게 있어서 목회란, 인간을 사로잡고 있는 경제논리를 사랑의 논리로 대체하여 우리의 삶 속에 사랑을 회복하는 것이었다. 그리고 그 결과로 제4장에서 언급할, 정신여고 강당 건축과 같은 일이 가능할 수 있었다.

3. 울타리를 회복하는 것

> 여호와 하나님이 동방의 에덴에 동산을 창설하시고 그 지으신 사람을 거기 두시고(창2:8).

우리 개역성경은, 에덴은 동산이었다고 번역하고 있다. 동산이라면 마치 작은 언덕이 연상되는 단어이다. 그러나 히브리어로 '간'(גן)이라 표기되어 있는 이 단어의 뜻은 '뜰', 혹은 '정원'이란 의미다. 그래서 영어성경들은 이 단어를 '가든'(garden)이라 번역하고 있다. 그런데 이 '간'은 보통 정원이 아니다. '간'이 되기 위해서는 한 가지 조건이 충족되어야 한다. 반드시 울타리가 쳐 있어야만 '간'일 수 있다. 한 마디로 에덴이란 울타리가 있는 곳이었다. 그러므로 에덴을 회복한다는 것은 바로 이 울타리를 회복하는 것이다.

울타리를 치는 목적은 어디서나 마찬가지다. 즉 무엇으로부터의 보호 혹은 구별이다. 도대체 에덴은 무엇으로부터의 보호와 구별을 위하여 울타리를 필요로 하는가? 바꾸어 말해 하나님의 나라는 무엇을 차단하고 막아야 하나님의 나라로서 우리 속에 임할 수 있는가? 무릇 사람이란 어떤 집단에 소속되어 있느냐에 따라 사고방식이 달라지게 마련이다.

광야를 헤매며 며칠 동안이나 굶주린 이리떼가, 마침내 언덕 너머에 펼쳐진 초원 위에서 한가로이 풀을 뜯고 있는 한 무리의 양떼를 발견하였다. 이리떼가 볼 때, 그것이야말로 하늘이 내린 선물이었다. 제일 성질이 급한 막내가 쏜살같이 달려가 가장 만만하게 생긴 양 엉덩이를 막 물어뜯으려는 순간이었다. 목자가 전광석화처럼 막대기를 휘둘러 이리를 쫓아 버렸다. 자, 이 때 똑같은 한 사람의 목자를 놓고 양떼와 이리떼는 각각 어떤 생각을 하겠는가? 양떼들은 목자를 자신들의 생명을 보호해 주는 정의의 수호자로 생각할 것이다. 그러나 이리떼에게 있어서 목자란 자기들의 생존을 위협하는 폭도에 지나지 않을 것이다. 단 한 명의 목자에 대한 양떼와 이리떼의 평가는 왜 이처럼 전혀 상반되는가? 서로 소속된 집단이 다르기 때문이다.

사람도 이와 마찬가지다. 어디에 소속되어 있느냐에 따라 사고방식은 천차만별로 갈라진다. 그리스도인이 된다는 것은 주님께 속한 사람이 되는 것이요, 그것은 사고방식이 바뀌는 것을 의미한다. 내 중심의 사고방식에서 주님 중심의 사고방식으로 사고의 축이 옮겨지는 것을 의미한다. 한 마디로 세속적 사고방식을 버리는 것을 의미한다. 에덴의 울타리는 이 세속적 사고방식을 차단하기 위하여 세워져 있는 것이다. 세속적 사고방식을 차단하지 않고서는 참된 그리스도인이 될 수 없음은 물론이요, 하나님의 나라도 먼 나라의 이야기가 될 뿐이기 때문이다.

주님을 믿노라고 하면서도 얼마나 많은 사람들이 여전히 세속적인 사고방식의 틀 속에 갇혀 살고 있는지 모른다. 하나님께서는 분명 제5계명을 통하여, "네 부모를 공경하라. 그리하면 너의 하나님 나 여호와가 네게 준 땅에서 네 생명이 길리라"고 말씀하셨다. 부모를 공경하는 자를 복되게 하시겠다는 약속의 말씀이다. 이것은 사람의 약속이 아니다. 당신의 말씀을 식언커나 변개치 않으시는 하나님의 약속이다. 그렇다면 혼기를 앞둔 처녀에게 정말 복된 혼처란 두말 할 것도 없이 시부모를 모시는 가정이다. 시부모를 모시고 공경하며 사는 삶이야말로 자신의 인생을 하나님 앞에서 복되게 하는 첩경인 것이다. 그런데 과연 그런가? 아니다. 전혀 아니다. 시부모를 모셔야 하는 혼처를 꺼려하는 것은 그리스도인이라고 해서 예외가 아니다. 여전히 세속적 사고방식에 젖어 있기 때문이다.

많은 사람들이 믿음과 사업은 별개라는 생각으로 살아가고 있다. 돈을 벌기 위해서라면 탈세나 거짓은 당연히 행할 수 있다는 것이다. 세상이 다 그렇기 때문에 어쩔 수 없다는 것이다. 그러나 과연 이것이 성경적인 생각인가? 주님께서 우리의 거짓된 삶을 정당화시켜 주시기 위하여 십자가에 못 박혀 돌아가셨던가?

사람들은 여전히 외적 조건으로 사람을 평가하고 있다. 이것이 진정 하나님의 방법인가? 하나님께서는 외모가 아니라 중심으로만 사람을 판단한다 하시지 않았는가?

대부분의 사람들은 죽은 사람을 불쌍하게 여긴다. 과연 그런가? 이 세상을 떠나 그리스도 안에서 영원한 천국에 입성한 사람이 불쌍한가? 아니면 이 암울한 세상 속에서 계속 허덕이며 살아야 하는 사람이 불쌍한가? 죽은 사람이 불쌍하기만 하다면, 우리가 그리스도 안에서 궁극적으로 가기를 원하는 천국의 실체란 대체 무엇이란 말인가?

이처럼 세속적 사고방식 속에서 살아가는 한, 우리가 아무리 열심히 교회의 문턱을 넘나든다 할지라도 우리의 마음속에 하나님의 나라가 회복될 수는 없다. 세속적 사고방식과 하나님의 나라는 어떤 경우에도 병립하지 않는다. 그래서 우리는 먼저 이 세속적 사고를 차단하는 울타리를 회복하지 않으면 안 된다. 말씀 안에서 울타리를 회복하는 것으로부터 에덴은 가시화되는 것이다.

나에게 목회란, 이처럼 울타리의 회복을 도모하고 또 도와 주는 것이었다. 그러므로 나는 목회와 관련하여 나 자신의 비전을 가져본 적이 없다. 하나님께서 나를 통해 이루기 원하시는 하나님의 비전을 포착하기 위해서는 먼저 나 자신의, 비전이라는 이름의 세속적 사고와 야망에 울타리를 쳐야만 했기 때문이다.

4. 진리의 가치를 회복하는 것

> 첫째의 이름은 비손이라. 금이 있는 하월라 온 땅에 둘렸으며, 그 땅의 금은 정금이요 그 곳에는 베델리엄과 호마노도 있으며(창 2:11-12).

본문은 에덴에는 금, 그것도 정금, 즉 순금이 있었음을 증거하고 있다. 그 위에 더하여 베델리엄과 호마노도 있었다. 베델리엄이란 진주를 의미한다. 하나님 나라의 모형인 에덴에 왜 각종 보석이 있었을까? 그 해답을 얻기 위하여 요한계시록 21장 18절에서 21절까지를 다시 찾아보자.

> 그 성곽은 벽옥으로 쌓였고 그 성은 정금인데 맑은 유리 같더라. 그 성의 성곽의 기초석은 각색 보석으로 꾸몄는데 첫째 기초석은 벽옥이요 둘째는 남보석이요 셋째는 옥수요 넷째는 녹보석이요 다섯째는 홍마노요 여섯째는 홍보석이요 일곱째는 황옥이요 여덟째는 녹옥이요 아홉째는 담황옥이요 열째는 비취옥이요 열한째는 청옥이요 열두째는 자정이라. 그 열두 문은 열두 진주니 문마다 한 진주요 성의 길은 맑은 유리 같은 정금이더라.

위 본문은 요한 사도가 환상 중에 본 천국을 묘사한 내용으로서 각종 보석이 다양하게 등장하고 있다. 도대체 하나님의 나라와 보석의 함수관계는 무엇인가? 많은 보석이 있기만 하면 그 곳이 곧 에덴인가? 중요한 것은 그 많은 보석들이 다 무슨 용도로 사용되었는가 하는 것이다. 하나님의 나라에서는 보석이 값진 재물로 깊은 금고 속에 모셔지지 않았다. 돌멩이나 벽돌처럼 단지 집 짓는 자재로만 사용되었을 따름이다. 그렇다면 에덴은 어떤 곳인가? 세상의 보석이 전혀 보석 되지 않는 곳이다. 그 곳에선 오직 영원한 진리이신 예수 그리스도만 보석 되기 때문이다.

어린 계집아이들이 소꿉장난을 한다. 가게에서 산 구리반지를 애지중지하면서 말이다. 그러나 소녀가 되어 14금 실반지라도 끼게 되면 더 이상 구리반지에 미련을 갖지 않는다. 그리고 성인이 되어 배우자에게서 값진 보석을 받게 되면, 그 때부터는 실반지에 연연해하지 않는다. 이처럼 정말 값진 보석 앞에서는 그보다 못한 것은 가치를 잃어버리고 만다. 하나님의 나라 또한 마찬가지다.

이 세상에서 아무리 값진 보석이라 할지라도, 내 육체가 시체 되어 관 속에 드러눕는 날 나를 책임지지 못한다. 설령 누군가가 내 관 속에 한 아름의 보석을 집어넣어 준다 할지라도, 그 보석이 나를 공동묘지 너머로 인도해 주지 못한다. 오히려 그 보석 때문에 나의 무덤은 도굴당하는 수모를 겪고 말 것이다. 죽음 이후를 책임져 줄 수 없는 것이라면, 그것은 영원 속에서 돌멩이 이상일 수가 없는 것이다. 내가 관 속에 드러눕는 날, 나를 영원히 책임져 주실 분은 오직 영원한 진리이신 예수 그리스도뿐이다. 그분만 참된 보석이시고, 그 진리의 보석 앞에서 세상의 보석이란 벽돌 이상일 수가 없는 것이다. 그렇기에 에덴의 회복이란 영원한 진리의 가치를 회복하는 것이다.

내게 있어서 목회는, 바로 이 진리의 절대적 가치를 회복시켜 주기 위해 존재하는 것이었다. 그리고 이것이 가능하기 위해서는, 내가 먼저 진리의 말씀대로 살기 위해 애써야 했다.

5. 봉사를 회복하는 것

여호와 하나님이 동방의 에덴에 동산을 창설하시고 그 지으신 사람을 거기 두시고(창 2:8).

하나님께서는 하나님 나라의 모형을 이 땅 위 에덴이란 곳에 창설하셨다. 그래서 사람들은 그 모형을 가리켜 아예 '에덴'이라고 불렀다. 하나님께서는 이 땅 위에서 왜 하필이면 에덴을 선택하셔서 그 모형의 이름마저 에덴이 되게 하셨는가? '에덴'(עֵדֶן)이라는 히브리어의 뜻은 '기쁨'이다. 그러나 이것은 말초 신경을 통해 얻을 수 있는 육체적 기쁨이 아니라, 오직 봉사를 다 할 때에만 주어지는 영적이고도 내적인 기쁨을 의미한다. 따라서 잃어버린 에덴을 회복한다는 것은 봉사를 회복하는 것을 뜻한다. 봉사가 회복되는 곳에 진정한 기쁨으로서의 에덴이 복원되는 것이다.

예수께서 제자들을 불러다가 가라사대 "이방인의 집권자들이 저희를 임의로 주관하고 그 대인(大人)들이 저희에게 권세를 부리는 줄을 너희가 알거니와 너희 중에는 그렇지 아니하니 너희 중에 누구든지 크고자 하는 자는 너희를 섬기는 자가 되고 너희 중에 누구든지 으뜸이 되고자 하는 자는 너희 종이 되어야 하리라. 인자가 온 것은 섬김을 받으려 함이 아니라 도리어 섬기려 하고 자기 목숨을 많은 사람의 대속물로 주려 함이니라"(마 20:25-28).

봉사란 귀찮고 궂은 일같이만 여겨진다. 웬만하면 피하고 싶은 것이 봉사다. 그런데 왜 그처럼 달갑잖은 봉사 속에 참된 기쁨이 자리잡고 있는가? 왜 봉사 속에서만 진정한 기쁨이 회복되는가?

내가 봉사를 행하는 그 낮고 낮은 곳에, 바로 그 곳에서 나를 섬기시는 주님께서 계시기 때문이다. 물이 낮은 데로 고여들 듯 주님의 은혜 역시 낮은 곳에 머물고, 그 낮은 데가 곧 봉사의 현장이다. 그러므로 나보다 높은 데 있는 자를 섬기는 것은 봉사가 아니다. 그것은 보수의 대가이거나 아부일 뿐이다. 오직 나보다 낮은 곳에 있는 자를 섬기는 것이 진정한 봉사이다. 낮은 데에 있는 사람을 섬기는 것은, 그 사람으로부터 되돌아올 보상이 없기에 참된 봉사가 되지 않을 수 없다. 그러나 사람으로부터의 보상이 전혀 없기에, 그 곳에 계신 주님을 비로소 만나게 된다. 이것이 진정한 봉사가 있는 곳에 참된 영적 기쁨이 샘솟는 까닭이요, 그 곳에 에덴이 복원되는 이유이다.

나에게 목회란, 사람들의 삶 속에 봉사를 회복시켜 주는 것이었다. 교회 안에서뿐만 아니라 교회 밖에서의 봉사를, 그리고 자기보다 낮은 데서의 봉사를 말이다. 이와 같은 토대 위에서 헌금의 50%를 교회 밖 이웃과 나누는 일이 생활화될 수 있었다.

6. 자기부인을 회복하는 것

에덴이란 '기쁨'이라고 했다. 그런데 에덴의 동사가 재귀동사(再歸動詞)가 되면 전혀 다른 뜻이 되어 버린다. 재귀동사란 모든 결과가 자기에게만 되돌아오는 동작을 말한다. 이를테면 자기만을 위하여 행동하는 것이다. 이처럼 에덴이 재귀동사가 되면, 다시 말해 봉사는 아랑곳하지 않고 오직 자기만을 위하여 살아갈 때, 그 의미는 '주색에 빠진다'로 돌변해 버리고 만다. 철저한 영적 타락을 의미하는 말이다. 그 영혼이 전적으로 타락하는 곳엔 에덴, 곧 '기쁨'이 있을 수 없다. 있다면 오직 처절한 고통일 따름이다. 그 구체적인 예를 들어 보자.

다윗이 얼마나 아름다운 봉사의 삶을 살았던가? 그러나 자기만을 생각하는 순간 그는 남의 아내를 범했고, 그것도 모자라 그녀의 남편—자기에게 목숨을 걸고 충성을 다 바쳤던 충신—을 살해해 버리고 말았다. 자기만을 생각하는 순간, 그는 전적으로 타락해 버리고 말았던 것이다. 그가 타락할 때 분명 육체적 쾌락이 있었을 것이다. 그러나 찰나적인 그 쾌락은 그의 심령을 짓누르는 무거운 고통의 시작이었다. 오죽했으면 눈물로 침상을 띄울 정도로 울면서 회개했겠는가?(시 6:6)

솔로몬 역시 마찬가지였다. 솔로몬은 심혈을 기울여 예루살렘 성전을 지을 정도로 하나님을 사랑하던 자였다. 그러나 어느 순간 자기만을 위하면서부터, 그는 처첩을 1,000명이나 거느리며, 성전을 건축했던 손으로 우상의 산당까지 지었다. 영육간에 철저하게 주색에 빠져 버렸던 것이다. 그 역시 그 같은 죄로 인한 고통을, 자신이 쓴 전도서를 통하여 처절하게 회개해야만 했다. 그래서 주님께서는 우리에게 이렇게 말씀하고 계신다.

> 이에 예수께서 제자들에게 이르시되 "아무든지 나를 따라 오려거든 자기를 부인하고 자기 십자가를 지고 나를 좇을 것이니라"(마 16:24).

주님께서는 주님을 따르는 제1조건으로 자기부인을 요구하셨다. 바꾸어 말하면, 아무리 주님을 따라다닌다고 할지라도 자기부인이 없으면 주님과는 무관한 자라는 말이다. 자기부인이 없는 자의 영혼은 주색에 빠질 수밖에 없기 때문이다. 그러므로 자기부인은 참된 신앙의 절대적 조건이다. 그렇다면 무엇으로부터 자기를 부인해야 하는가? 여기에서 우리가 잊지 말아야 할 것은, 우리는 지금 에덴의 재귀동사에 대하여 논하고 있다는 것이다. 에덴이란, 낮고 낮은 곳에서의 봉사를 통해 얻을 수 있는 영적 기쁨이라고 했다. 그러나 재귀동사는 '주색에 빠진다' 로 그 의미가 돌변해 버린다는 것을 알았다. 그렇다면 여기에서 자기부인이란 무엇에 대한 부인인지 이제 그 해답은 자명해졌다.

우리가 낮은 곳에서 봉사의 삶을 살아갈 때 주님께서는 반드시 우리를 존귀케 하신다. 바로 그 봉사의 현장에 주님께서 우리와 함께하고 계시기 때문이다. 그 때 스스로 우리를 높이고 싶은 마음, 나를 내세우고 싶은 마음, 마구 교만해지려는 마음을 가차없이 부인해야 하는 것이다. 그래야만 우리의 마음은 변함없이 낮은 곳을 지향할 수 있고, 낮은 데로 임하시는 주님과 날마다 동행할 수 있으며, 늘 주님 안에서의 기쁨을 누릴 수 있는 것이다. 그래서 중단 없는 자기부인이 있는 곳에 에덴은 회복된다.

목회란 자기부인을 생활화시키는 것이다. 바꾸어 말하면 목회란 봉사자를 양육하되 소리 없는 봉사자, 봉사를 다하고서도 자기를 그리스도 안으로 숨길 줄 아는 익명의 봉사자를 양육하는 것이다. 주님의교회 거의 모든 일이 수많은 익명의 봉사자들에 의하여 이루어지고 있음은 이와 같은 연유에서이다.

7. 선악과를 회복하는 것

> 여호와 하나님이 그 땅에서 보기에 아름답고 먹기에 좋은 나무가 나게 하시니 동산 가운데에는 생명나무와 선악을 알게 하는 나무도 있더라(창 2:9).

본문은 에덴의 한가운데 생명나무와 선악과가 있었다고 증거하고 있다. 하나님 나라의 모형인 에덴에 생명나무가 있다는 것은 조금도 이상한 일이 아니다. 그러나 그 곳에 선악과가 있었다는 것은 참으로 이해하기 어렵다. 이 선악과로 인하여 인간이 범죄했고, 그 결과 실낙원하고 말았기 때문이다. 그래서 어떤 사람들은 선악과를 만드신 하나님을 원망하기도 한다. 그러나 에덴에는 반드시 선악과가 있어야 한다. 선악과 없이는 에덴이 에덴일 수가 없다는 말이다.

> 여호와 하나님이 그 사람을 이끌어 에덴 동산에 두사 그것을 다스리며 지키게 하시고 여호와 하나님이 그 사람에게 명하여 가라사대 "동산 각종 나무의 실과는 네가 임의로 먹되 선악을 알게 하는 나무의 실과는 먹지 말라. 네가 먹는 날에는 정녕 죽으리라" 하시니라(창 2:15-17).

하나님께서는 아담에게 에덴을 맡기시고 각종 나무의 실과를 마음대로 먹게 하셨다. 각종 실과가 다 아담의 차지였다. 그러므로 아담이 어떤 실과를 취하든지, 그 나무 앞에서는 하나님과 아담 사이에 차이가 없는 것처럼 보였다. 그런데 하나님과 아담의 차이를 명확하게 보여 주는 나무가 한 그루 있었다. 바로 에덴 중앙에 있는 선악과였다. 선악과만은 아담이 먹을 수 없었다. 하나님께서 먹지 못하도록 명하셨던 것이다. 만약 먹는다면 그것은 죽음을 의미할 뿐이었다. 그러므로 그 나무야말로 하나님께서는 창조주시요, 인간은 하나님의 말씀에 절대 복종해야할 피조물임을 증거하는 표적이었다. 그 표적이 에덴의 한가운데 있었다.

창조주 되시는 하나님과 피조물 된 인간 사이의 차이를 인정할 때에만, 하나님을 하나님으로 섬길 때에만, 하나님을 주인으로 모실 때에만, 에덴은 에덴일 수 있다는 하나님의 메시지였다.

사단이 인간을 유혹했다. 선악과를 먹기만 하면 '하나님 같이 될 수 있으므로' 먹으라는 것이었다. 한 마디로 하나님과 인간 사이에 아무런 차이가 없어진다는 것이었다. 그 유혹을 이기지 못하여 인간은, 하나님께서 먹지 말라 명하셨던 선악과를 주저 없이 삼키고 말았다. 하나님과 인간 사이의 차이를 스스로 부정해 버리고 만 것이다. 바로 그것이 죄였다. 죄란 내가 하나님과 동등해지는 것이다. 하나님과의 차이를 전혀 인정치 않는 것이다. 그리고 그 죄의 결과는 에덴의 상실이었다.

그렇다면 에덴의 복원은 우리가 꺾어 버렸던 선악과를 회복하는 것으로부터 가능해진다. 선악과를 회복한다는 것은 하나님과 나 사이의 차이를 인정하는 것이다. 하나님을 하나님으로 섬기는 것이다. 하나님만을 나의 주인으로 모시는 것이다. 생명의 회복도, 사랑의 회복도, 울타리의 회복도, 진리의 회복도, 봉사의 회복도, 자기부인의 회복도, 하나님을 주인으로 모실 때에만 가능하다. 그래서 하나님께서 에덴을 만드시고 사람을 거기에 두실 때, 제일 먼저 에덴의 한가운데에 선악과를 두시는 일부터 하셨다. 하나님께서 주인 되시는 곳이 곧 에덴임을 일깨워 주시기 위함이었다.

목회란 삶의 중심에 선악과를 심어 주는 일이다. 오직 하나님만을 주인으로 모시도록 에덴의 한가운데로 인도하는 것이다. 내가 주님의교회를 떠나는 이유도, 주님의교회 모든 임직자에게 임기가 있는 것도 결국은 이를 위함인 것이다.

위에서 살펴본 것처럼 에덴은 나의 목회 모델이었다. 내게 있어서 목회란 곧 에덴으로의 회복이었다. 지난 10년 동안 주님의교회에서 행했던 모든 것은, 바로 이 에덴의 형상화였다.

3 자기 정체성을 어떻게 정의했나?

나에게 목회란 에덴의 회복이었음은 이미 앞장에서 밝혔다. 에덴의 회복을 위해서는 내가 먼저 에덴의 사람으로 회복되어야 했다. 에덴의 사람만이 에덴을 회복시키는 주님의 도구가 될 수 있음이었다. 다시 말해 나는 목회자의 정체성을 '에덴의 사람' 이 되는 것으로 이해하였다. 이것은 어디까지나 총론이었다. 이 총론을 이루기 위하여, 나는 목회자의 정체성을 말씀 안에서 다음과 같은 각론들로 정의하면서, 나의 동역자들과 더불어 이의 실천을 위하여 애를 썼다.

1. 목회자는 구도자다

태초에 말씀이 계시니라. 이 말씀이 하나님과 함께 계셨으니

이 말씀은 곧 하나님이시니라. 그가 태초에 하나님과 함께 계셨고 만물이 그로 말미암아 지은 바 되었으니 지은 것이 하나도 그가 없이는 된 것이 없느니라. 그 안에 생명이 있었으니 이 생명은 사람들의 빛이라. 빛이 어두움에 비취되 어두움이 깨닫지 못하더라(요 1:1-5).

말씀이 육신이 되어 우리 가운데 거하시매 우리가 그 영광을 보니 아버지의 독생자의 영광이요 은혜와 진리가 충만하더라(요 1:14).

상기 본문은 우리가 잘 아는 바와 같이 요한복음의 첫머리에 나오는 구절들이다. 하나님께서는 말씀이시요, 그 말씀이 육신을 입고 이 땅에 오신 분이 곧 예수 그리스도이심을 증거하고 있다. 여기에서 '말씀'이란 헬라어 '로고스'(λόγος)를 우리말로 번역한 것이다. 그런데 지금부터 111년 전인 1887년 경성 문광서원에서 발행된 '예수성교전서'를 찾아보면, 위의 구절들이 다음과 같이 번역되어 있다. 요즈음 철자법으로 바꾸어 옮겨 보겠다.

처음에 도(道)가 있되 도(道)가 하나님과 함께 하니 도(道)는 곧 하나님이라. 이 도(道)가 처음에 하나님과 함께 하매 만물이 말미암아 다 지었으니 지은 바는 하나도 말미암지 않고 지음이 없느니라. 도(道)에 생명이 있으니 이 생명이 사람의 빛이 되어 빛이 어두운 데 비치우되 어두운 데는 알지 못하더라.

> 대저 도(道)가 육신을 입어 넉넉히 은총과 진리로 우리 사이에 거하여 우리가 그 영화를 본 것이 아버지가 낳은 외아들의 영화 같으니라 하더라.

지금 우리가 사용하고 있는 성경은 '로고스'를 '말씀'으로 번역한 데 비하여, 111년 전의 '예수성교전서'는 같은 단어를 '도'(道)라 옮겨 놓았다. 나는 이 구절에 관한 한 지금 통용되고 있는 '말씀'이란 단어보다 111년 전 사용되었던 '도(道)'란 단어에서 더 깊은 깨달음을 얻는다. 말씀이란 단어는 친숙하기는 하지만 그러나 전혀 차별성이 없다. 나보다 연장자의 말은 모두 말씀이 된다. 나의 말도 내 자식에게는 말씀인 것이다. 하지만 도(道)란 아무에게나, 혹은 아무렇게나 사용되지 않는다. 그 말 자체가 철저하게 구별된 단어이다. 도(道)란 말 앞에서는, 아무도 강요치 아니해도 우리는 우리의 흐트러진 마음을 정돈케 된다. 이것은 예로부터 바른 도를 추구하려던 우리 선조들이 보여 주었던 흔들림 없는 삶의 자세 때문일 것이다.

태초부터 계셨던 로고스가 도(道)라면 모든 그리스도인은 구도자(求道者)이어야 한다. 진리가 어디에 있는지 알지 못해 동가식 서가숙하며 방황하는 구도자가 아니라, 하나님께서 보여 주신 길, 예수 그리스도께서 우리에게 주신 길—그 진리와 생명의 도(道)를 좇아간다는 의미에서의 구도자이어야 한다.

흔히 목회자를 가리켜 전도자(傳道者)라고 부른다. 그 도(道)를 전하는 자란 뜻이다. 그렇다면 바른 전도자, 그 도(道)를 바로 전하는 자가 되기 위해서는 그 도(道)를 먼저 구하는 자가 되지 않으면 안 된다. 먼저 구하지 아니 하고서는 전할 것이 있을 리 만무하다. 이것이 목회자가 누구보다도 먼저 구도자가 되어야만 하는 까닭이다. 성경에 나타난 선지자나 사도들은 단순히 말씀을 입으로 말하기만 한 달변가들이 아니다. 그들은 모두 하나님의 말씀—진리를 좇아 나선 구도자들이었다. 그래서 그들은 한결같이 그 시대를 밝히는 등불일 수 있었다.

우리는 불가의 선승이나 카톨릭 수도원의 수도사들이 구도의 삶을 이루기 위하여 얼마나 정진하는지 잘 알고 있다. 그들은 인간이 버릴 수 있는 모든 것을 다 버리고, 그들이 옳다고 믿고 있는 길을 묵묵하게 나아가고 있다. 비록 그들과 우리의 신앙의 내용과 모습은 다를지라도, 구도적 삶을 이루기 위하여 그들이 지니고 있는 그 치열한 정신만은 본받지 않으면 안 된다. 우리 역시 주님의 도를 따르는 구도자들이기 때문이다.

교회 창립 다음 해인 1989년 1월 1일부터 강남 YMCA 회관 내에 주님의교회 전용공간, 즉 사무실과 작은 세미나실이 생겼음은 이미 밝힌 바 있다. 그리고 같은 날부터, 지금은 영국 유학 중인 이인호 목사님—당시는 전도사님이었다—이 나의 첫 번째 전임 동역자가 되었다. 우리 두 사람은 새벽기도회가 끝나면 그 공간을 청소하였다. 전용면적이 넓어져도 중단하지 않았다. 주말과 주초에는 모든 의자를 정성을 다해 걸레질도 하였다. 구도의 길은 청소의 삶에서부터 시작한다고 믿었다. 내 주위를 내 손으로 직접 청결케 하지 않고서 무슨 구도의 삶이 시작될 수 있겠는가 하고 생각하였다. 교인의 증가와 더불어 전임 교역자를 신규로 청빙할 때는, 반드시 자기 손으로 교회를 청소해야 한다는 것을 전제조건으로 삼았다. 그래서 이동규 · 금상호 · 김화수 목사님도 모두 청소부터 시작했다. 시간이 흐르면서 교인들이 한 사람 두 사람 청소에 합류하기 시작했다. 그리고 현재까지 주님의교회에는 유급 청소부가 없다. 정신여고 소강당에서 예배를 드리고 있는 지금도 그 넓은 면적의 청소를 교인들과 교역자들이 담당하고 있다.

나는 외출 혹은 퇴근 시에 교회에 있는 내 사무실의 문을 잠가본 적이 없다. 누군가가 내 책상의 서랍을 뒤진 적이 여러 번이나 있었지만, 그래도 나는 문을 잠그지 않았다. 누구든지 마음만 먹으면 언제라도 들어올 수 있었고, 마음대로 뒤질 수 있었다. 나는 그것이 구도자의 마음이어야 한다고 믿었다. 목회자가 교인을 만나는 교회 사무실을 잠가 두는 마음으로서는, 내가 구도한 것을 아무에게나 전도할 수 없다고 여겼던 것이다.

나는 사람이 앉았다 떠난 자리에는 반드시 그 사람의 인격이 남는다고 믿었다. 한 사람의 구도적 수준은 그 사람이 떠난 자리에서 분명한 흔적으로 드러나게 됨을 믿었다는 말이다. 그래서 나는 자리를 떠날 때, 책상 위의 종이 한 장이라도 비뚤어짐이 없도록 철저하게 정돈했다. 그것은 내가 없을 때 내 방에 들어올 사람을 향한 소리 없는 구도의 메시지였다.

목회자는 산 속에 유리된 자가 아니라 세상에서 세상과 더불어 살아가는 세상 속의 구도자이기에, 이 세상 누구보다 법을 더 잘 지키는 자이어야 한다고 믿었다. 그래서 동역자들과 함께 매달 갑근세를 자진납부하였다. 비록 성직자에게는 면세의 특권이 법적으로 보장되어 있다 할지라도, 그 특권을 누리기보다는 교인들과 더불어 납세의 의무를 다하는 것이 그들과 함께 살아가야 할 구도자의 자세라 판단했다.

운전을 할 때에도 구도자임을 늘 기억하였다. 어떤 경우이든, 부지중에라도 교통법규를 어기는 일이 없도록 항상 주의를 기울였다.

식탁에서도 주어진 밥그릇에는 밥알 한 톨 남기지 않았다. 구도자는 무엇을 하든 구도적이어야 함을 망각치 않으려 애썼다.

나는 구도자는 고독해야 함을 믿었다. 고독은 외로움이 아니다. 외로움이 사람을 그리워함에도 불구하고 사람으로부터 배척당함으로 인한 소외를 의미한다면, 고독이란 많은 사람들이 나를 필요로 하고 있지만 그러나 그것을 넘어서는 자발적인 자기격리이다. 이 자발적인 자기격리 속에서 구도는 깊이를 더해 가는 것이다. 그래서 나는 목회를 시작한 후, 목회와 무관한 사람들의 모임에 참여한 적이 없다.

나는 금요일 저녁 일단 귀가하면, 주일 아침 교회로 향할 때까지 집 밖을 나가지 않았다. 밥 먹고 잠자는 시간을 제외하고는 서재를 나서지도 않았다. 좀더 나은 영적 설교를 주님께 구하기 위함이었다. 나는 토요일 점심 때 밥을 먹어 보지 못했다. 좀더 맑은 영혼으로 주님의 말씀을 구하기 위해서였다. 나는 그것을, 주일 아침 많은 교인들에게 영적 양식을 전해야 할 목회자의 구도적 의무라 믿었다. 주일엔 새벽 4시 30분에 일어나 전날 준비한 설교원고를 완전하게 외웠다. 원고를 보지 않고 설교하는 것이 교인에 대한 구도자의 예의라 생각했다.

나는 구도자는 돈과 무관해야 함을 믿었다. 돈으로부터 멀어질 수록 구도의 깊이가 심화됨을 확신했다. 이미 〈믿음의 글들, 나의 고백〉(홍성사 간)에서 밝힌 것처럼, 내가 내 이름의 집을 소유하지 않고 저금통장을 갖지 않기로 했음은 이런 연유에서였다.

이상에서 말한 모든 것은 겨우 구도의 시작에 불과할 뿐이다. 참다운 구도자의 삶이 나에게서 이루어지기 위해서는 아직 멀어도 한참 멀었다. 그러나 고백하지 않을 수 없는 것은, 내가 목회자의 정체성을 구도자로 정의했을 때, 구도의 대상이신 '도(道) 되신 주님'께서 내게 선한 생각들을 주시고 친히 인도해 주셨다는 것이다. 그분이 부족하기 짝이 없는 나와 함께해 주고 계시기에, 내일도 나는 그 도(道)를 따라 나설 수 있는 것이다.

2. 목회자는 모두의 목사다

> "수고하고 무거운 짐진 자들아, 다 내게로 오라. 내가 너희를 쉬게 하리라"(마 11:28).

주님께서는 사람을 차별하여 부르시지 않았다. "다 내게로 오라"고 모두를 부르셨다. 실제로 주님께서 이 땅에 계시는 동안 주님 주위에는 여러 계층의 사람들이 있었다. 가난한 어부가 있는가 하면 아리마대 요셉 같은 거부가 있었고, 니고데모같이 존귀한 산헤드린 의원이 있는 동시에 막달라 마리아 같은 천한 창녀도 있었다. 의로운 청년 나사로도 있었고 불의한 세리 삭개오도 있었다. 그뿐만이 아니었다. 무력으로 독립을 쟁취하려는 열심당원 시몬이 있는 반면에 지배자인 로마제국의 백부장도 있었다. 그들은 서로 자리를 함께할 수 없는 이질적인 사람들이었다. 그럼에도 불구하고 그들은 모두 예수 그리스도 곁에 더불어 있을 수 있었다. 그것은 예수님께서 모두의 목회자이셨기에 가능할 수 있었다. 만약 주님께서 일부 계층의 사람들만을 위하여 이 땅에 오셨더라면 도저히 있을 수 없는 일이었다. 주님께서는 열두 명의 제자들을 따로 세우셨다. 그러나 그것은 그들만의 목회자가 되시거나 혹은 파벌을 만드시기 위함이 아니었다. 제자들을 도구 삼아 모든 사람의 목회자가 되시기 위함이었다. 예수님의 목회가 그러했다면, 이 땅의 모든 목회자들은 자신이 목회하는 교회 모든 교인의 목사이어야 하는 것이다.

나의 퇴임 후에 어느 기자가 물었다. 10년에 걸친 목회기간 중 무엇이 제일 어려웠느냐고 말이다. 나는 첫째는 설교요, 둘째는 모두의 목사가 되는 것이었다고 대답했다. 설교의 어려움은 익히 잘 알려져 있다. 나라고 해서 예외는 아니었다. 매주일을 넘길 때마다 어김없이 2kg의 체중이 빠졌다가 주초가 되면 회복되곤 했다. 그만큼 진통을 겪어야만 했다. 나의 경우에는 무엇을 말할 것인가보다는, 어떻게 말할 것인가가 어려웠다. 토요일마다 주님께서는 한없는 은혜와 영감을 쏟아 부어 주셨다. 그러나 그것을 인간의 언어로 표현해 내는 일은 결코 쉽지 않았다. 더구나 모든 사람이 이해하기 쉬우면서도 은혜스럽게 전달하기 위해서는 진통이 뒤따라야만 했다. 그런데 모두의 목사가 된다는 것 역시 설교만큼이나 어려운 일이었다.

나는 누가 전화로 나를 찾을 때 상대가 누구인지를 묻지 못하게 했다. 전화를 받을 수 없는 상황이라면 모든 전화를 다 받지 않았고, 받을 수 있는 상태라면 발신자가 누구이든 상관치 않고 모두 다 받았다. 발신자에 따라 전화를 선택하여 받거나 거절하지 않았다는 말이다. 그러다 보면 엉뚱한 전화를 받아야 하는가 하면, 다른 교회 교인의 상담전화까지 받아야 했다. 어떤 날은 하루 종일 전화 받고 상담하는 데 소요되는 시간이 몇 시간씩 되기도 했다. 그래도 나는 모든 전화를 묻지 않고 구별 없이 다 받았다. 나는 모두의 목사가 되어야 했기 때문이다.

모두의 목사가 되기 위하여 나는 모든 교인에게 똑같은 원칙을 적용했다. 앞에서 말한 바와 같이 나는 토요일에는 아예 대문 밖을 나가지 않았다. 주일 설교 준비를 위함이었다. 그러므로 토요일에 행하는 교인들의 어떤 행사에도 참여하지 않았다. 결혼식이나 약혼식의 주례도 토요일에는 맡지 않았다. 심지어는 장례식이라 할지라도 토요일이라면 참석치 않았다. 수요일에도 마찬가지였다. 수요예배가 끝나기 전까지는 예배 준비를 위하여 누구도 만나지 않았다. 내게는 분명한 이유가 있었다. 나는 모두의 목사이기 때문이었다. 토요일이나 수요일에 교인 한 사람의 사적인 행사에 참여함으로 인하여, 공적인 예배시간에 덜 준비된 설교로 교인들의 심령을 허기지게 만든다면, 그것은 모두의 목사로서의 의무를 소홀히 하는 것이라 확신했다. 처음에는 이를 두고 서운하게 여기는 교인들이 적지 않았다. 그러나 나는 이 원칙을 모든 사람에게 계속 예외 없이 적용하여 나갔다. 이를테면 사회적으로 유력한 인사라거나 교회의 중직자라고 해서 예외를 두지 않았다는 말이다. 그것은 말만큼 쉬운 일이 아니었다. 많은 경우에 오해를 감수해야 했다. 그렇게 시간이 흘러가자 교인들은 나를 이해하기 시작했다. 수요일이나 토요일에는 그 누구의 그 어떤 예식이라도 담임목사가 집례치 않는 것을 당연하게 여기고, 또 모든 교인의 목사로서 마땅히 그렇게 해야 하는 것으로 인정하여 주었다. 그러나 그렇게 되기까지에는 많은 날들이 필요했다.

모두의 목사가 되기 위하여 어떤 경우에도 파벌을 만들지 않았다. 흔히 목사가 자신이 계획하는 바를 쉽게 실행할 수 있도록 소위 '목사파' 혹은 '왕당파'를 만드는 경우를 보게 된다. 그러나 그것이야말로 목사 스스로 모두의 목사이기를 포기하는 어리석은 일이라 여겼다. 목사가 자의로 자기 파벌을 만든다는 것은, 곧 그가 내면적으로는 누군가를 혹은 어느 그룹인가를 배척하고 있음을 의미한다. 그러나 누구를 의도적으로 배척하고, 누구를 의도적으로 끼고 돌아서는 결코 모두의 목사가 될 수 없다. 자기 파벌을 만드는 목사 때문에 그 교회는 이미 분열되고 있는 것이다. 앞에서 언급했던 것처럼 1995년 장로선거와 관련하여 분란이 일어났을 때, 내가 만약 누구의 편을 들었거나 파벌을 만들었다면 얼마 가지 않아 교회는 분열되고 말았을 것이다. 나는 엉뚱한 오해를 받으면서까지 성경말씀에 비추어 옳은 것은 옳다 하고 그릇된 것은 그릇됨을 밝힘으로써, 괴롭더라도 모두의 목사로서 지켜야 할 자리를 지켰다. 그래서 그 진통의 과정이 끝난 뒤, 그 모든 분들과 더불어 더욱 조화로운 주님의교회로 성숙할 수 있었다.

모두의 목사가 되기 위하여 모든 교인과 일정한 거리를 유지했다. 교인에 따라서는 더 정이 가고 더 사랑스러운 교인이 있게 마련이었다. 그러나 그 때도 나 스스로 그 거리를 침범치 않도록 절제했다. 때로는 냉정하다는 소리를 들었다. 그래도 그 거리를 지켰다. 이것이 그를 진정으로 아끼고 교회를 사랑하는 것이라 믿었다.

때로는 거리끼는 사람도 분명히 있었다. 그러나 그 때에도 그 거리보다 멀어지지는 않았다. 그 거리를 지키면서 그에게 어떤 문제가 발생했을 때 언제든 찾아가고 위로해 주었다. 이것이 그를 살리고 목회자인 나를 살리는 길이라 믿으면서 말이다. 그 교인이 내가 목회하는 교회의 교인이 되었다는 것은, 하나님께서 나를 믿으시고 그를 나에게 맡기셨음을 의미하기 때문이다.

모두의 목사가 되기 위해서는, 교회에서 내 가족들에게도 목사이어야 했다. 신학교 다닐 때 한 교수가 말했다. 목회자가 은혜로운 목회를 하기 위해서는, 교회에서는 철저하게 가족들을 외면해야 된다고 말이다. 자기 아이를 안아 주어서도 안 된다고 했다. 나는 그분의 말에 일리가 있다고 생각했다. 그리고 목회를 시작했을 때, 그 때 겨우 네 살과 세 살에 불과했던 첫째와 둘째 아이가 교회에서 내게 "아빠" 하고 달려오면 나는 아이들을 외면했다. 그러고는 오히려 다른 사람의 아이들을 안아 주었다. 시간이 흐르자 이번에는 교회에서 아이들이 나를 외면하기 시작했다. 나는 나의 행동이 옳지 않음을 깨달았다. 아이들도 주님의교회 교인인 이상, 그 아이들에게도 담임목사는 필요한 것이었다.

모두의 목사가 되기 위해서는 언제나 비판의 소리에 열린 귀를 가져야 했다. 내가 틀렸다고 생각될 때에는 지체없이 사과했다. 목회자는 모든 교인들 가운데 가장 뛰어난 사람임을 의미하지 않는다는 것을 망각하지 않았다. 단지 역할이 다를 뿐이었다. 그러므로 목회자인 나의 부족한 부분은, 교인들의 비판과 지적에 의해 교정되고 보완됨을 잊지 않으려 애썼다.

나의 동역자들인 교구 목사님들도 모두의 목사일 수 있게끔, 성인 교인 300명당 교구 목사 한 분씩을 모셨다. 성인 300명이라면 자녀들을 포함하여 대개 500명 정도가 된다. 내 경험으로 비추어 볼 때 500명까지가 적정선이었다. 그 때는 어린아이의 이름이나 교인들의 나이와 직업은 물론이요, 심방 시에 본 그 집 거실의 소파 색깔까지도 훤히 기억할 수 있었다. 그러나 500명이 넘자 내 능력 밖의 일이었다. 나는 교구 목사님들도 나와 다를 바 없다고 생각했다. 그래서 주님의교회에는 다른 교회에 비해 교구 목사님들이 많다. 해가 바뀌어 구역과 교구가 새로이 편성되면, 나는 교구 목사님들에게 무엇보다도 먼저 자기 교구의 교인 명단을 구역별로 외우게 했다. 그리고 바로 외웠는지를 확인하기 위하여 시험을 실시하곤 했다. 교구 목사가 자기 교구 교인 중에 이름도 알지 못하는 교인이 있다면, 적어도 그 교구 교인 모두의 목사는 될 수 없기 때문이었다.

목회자가 모두의 목사가 된다는 것은, 교인들 모두를 내 편으로 만드는 것을 결코 의미하지 않는다. 그것은 사교집단일 따름이다. 모두의 목사가 된다는 것은, 교인 모두를 주님의 편이 되게 하는 것을 의미한다. 그래서 그것은 때로 고독한 길일 수도 있다. 그러나 고독함이 없이 어찌 모두의 목사가 될 수 있겠는가? 그리고 교인들에 의해 모두의 목사로 받아들여지는 것보다 목회자에게 더 행복한 일이 어디에 있겠는가?

3. 목회자는 연출자다

> 바울이 밀레도에서 사람을 에베소로 보내어 교회 장로들을 청하니 오매 저희에게 말하되 "아시아에 들어온 첫날부터 지금까지 내가 항상 너희 가운데서 어떻게 행한 것을 너희도 아는 바니, 곧 모든 겸손과 눈물이며 유대인의 간계를 인하여 당한 시험을 참고 주를 섬긴 것과, 유익한 것은 무엇이든지 공중 앞에서나 각 집에서나 꺼림이 없이 너희에게 전하여 가르치고, 유대인과 헬라인들에게 하나님께 대한 회개와 우리 주 예수 그리스도께 대한 믿음을 증거한 것이라"(행 20:17-21).

목회자는 예배를 비롯한 교회의 모든 행사를 인도하고 주관하는 자다. 따라서 목회자가 어떤 마음으로 얼마나 준비하고 또 어떻게 진행하느냐에 따라 참여한 교인들이 받는 은혜가 달라지고 그 결과가 달라진다. 이런 의미에서 목회자는 연출자이어야 한다. 현장에 배우, 조명이나 소품 그리고 분장과 장치 담당이 다 있을지라도 극의 전체를 생각하는 사람은 연출자뿐이다. 현장에 지금 무엇이 빠져 있는지, 무엇이 잘못 되어 있는지, 무엇을 보완해야 하는지를 한눈에 알아보는 자도 연출자다. 연습을 지휘하는 자도 연출자요 공연을 책임지는 자도 연출자다. 아무리 배우나 스탭진이 우수해도, 연출자의 자질이 부족하거나 임무를 소홀히 하면 극의 질과 수준은 떨어지고 만다. 목회자도 이와 마찬가지다. 준비할 수 있는 것은 모두 준비하고, 연습해야 할 것은 몇 번이고 연습해야 한다. 그 모든 것을 책임지는 것은 물론 목회자이다.

나는 의식이나 행사를 실행하기 전, 오래 전부터 그 의식이나 행사를 처음부터 끝까지 몇 번씩이나 머리 속에 그려 보았다. 이런 순서로도 그려 보고 저런 형태로도 그려 보았다. 그리고 일단 그림이 완성되고 나면 그 그림을 구체화하는 데 필요한 모든 것을 준비하면서, 관련되는 사람들과 몇 번이고 연습을 되풀이하였다.

목사 안수를 받은 뒤 처음으로 성찬식을 거행할 때이다. 나는 예배 시의 모든 의식은 그것 자체가 곧 설교라고 믿었다. 그러나 성찬식은 나 혼자 진행할 수 있는 의식이 아니다. 성찬위원들이 있어야 했다. 내가 집례하는 첫 번째 성찬식의 성찬위원들은 1기 장로님들이었다. 나는 먼저 성찬식의 설계도면을 머리 속에서 확정한 후에, 그 도면에 따른 상세한 설명서를 작성하여 사전에 성찬위원들에게 나누어 주었다. 그러고는 실제와 같이 리허설을 했다. 성찬위원들로 하여금 성찬기를 들고 걷는 연습도 하게 했다. 성찬위원들의 걸음걸이 역시 설교일 수 있음을 믿으면서 말이다. 그러나 연습과 실제 사이에는 언제나 차이가 있게 마련이다. 연습한 것을 예배 시에 실행하면서 조금이라도 미흡한 부분이 발견되면, 그 다음에 반드시 수정하거나 보완하였다. 오늘날 매달 마지막 주일마다 주님의교회에서 행하여지는 은혜로운 성찬식은 이와 같은 과정을 거치면서 구체화된 것이다.

세례식, 임직식, 결혼식 등의 예식도 마찬가지였다. 그 모든 예식 또한 다른 교회의 예식과 같지 않음은, 역시 이런 과정을 거쳤기 때문이다.

성극이나 수련회, 그리고 여타 행사 시에도 예외는 아니었다. 언제나 머리 속에서 먼저 그림을 확정하고, 확정된 그림을 도면이나 설명서로 그려 내고, 그려진 것을 형상화하기 위하여 내가 연출자 역할을 담당했다. 그리고 지금은 부목사님들이 그 역할을 훌륭하게 담당하고 있다.

목회자가 연출자이어야 한다는 것은, 목회자는 항상 전체를 한눈에 파악하는 안목을 길러야 함을 의미한다. 예배당에 들어서면서, 지금 어디에 무엇이 잘못되어 있는지가 단번에 보여야 한다. 천장에 붙어 있는 수많은 전구 중에서 수명이 다하여 조도(照度)가 떨어진 전구를 한눈에 발견할 수 있어야 한다. 설교하기 위하여 강대상 앞에 섰을 때, 앞자리에 앉아 있는 교인의 숨소리도 들을 수 있어야 한다. 뒷자리에 앉아 있는 사람의 얼굴에 나타나는 표정의 변화도 읽을 수 있어야 한다. 예배 도중에 일어나는 어떤 미세한 움직임도 민감하게 포착할 수 있어야 한다. 목회자는 배우나 구경꾼이 아니라 연출자이기 때문이다. 그것도 프로 연출자가 되어야 하기 때문이다.

목회자가 어느 수준의 연출자이냐에 따라, 그 교회 교인들의 영적 수준이 결정된다.

4. 목회자는 예절자다

> 저녁 잡수시던 자리에서 일어나 **겉옷을 벗고** 수건을 가져다가 허리에 두르시고 이에 대야에 물을 담아 제자들의 발을 씻기시고 그 두르신 수건으로 씻기기를 시작하여…… 저희 발을 씻기신 후에 **옷을 입으시고** 다시 앉아 저희에게 이르시되 "내가 너희에게 행한 것을 너희가 아느냐?"(요 13:4-5, 12)

그 유명한 세족식 장면이다. 예수님께서 잡히시던 밤 제자들과 마지막 만찬을 하신 후, 제자들에게 마지막 설교 말씀을 남기시기 전에 제자들의 발을 몸소 씻어 주셨다. 그런데 우리는 여기에서 대단히 중요한 사실을 발견하게 된다. 예수님께서는 제자들의 발을 씻어 주시기 위하여 겉옷을 먼저 벗으셨다. 그리고 열두 명이나 되는 제자들의 발을 씻어 주셨다. 그것은 보통 일이 아니다. 많은 땀을 흘리셔야만 했을 것이다. 세족식이 끝났을 때에 무척 더우셨을 것이다. 예수님과 제자들의 관계는 사제지간이요 주종관계이다. 예수님께서 그들 앞에서 어떤 옷차림으로 말씀하신들 아무도 트집 잡을 사람이 있을 수 없었다. 얼마든지 겉옷을 벗으신 채로 말씀하실 수도 있었다. 그러나 주님께서는 벗어 두었던 겉옷을 다시 입으신 다음에야 제자들에게 말씀하기 시작하셨다. 그것은 하나님과 사람에 대한 주님의 예의였다. 예수님께서는 예절의 주님이셨던 것이다.

조금 깊이 생각해 보면, 하나님께서 바로 예의의 하나님이심을 알 수 있다. 하나님의 법을 어겨 죽을 수밖에 없는 우리를 위하여

성자 하나님께서 이 땅에 친히 오셨다는 것이 하나님의 우리에 대한 예의가 아닌가? 그것도 모자라 임마누엘 하나님께서 우리를 살리시기 위하여 십자가 위에서 돌아가셨다는 것은 우리를 향한, 또 얼마나 큰 하나님의 예의인가? 우리의 하나님은 예의의 하나님이신 것이다. 그렇다면 그 하나님의 종에 불과한 목회자야말로, 이 세상 누구보다도 더 확실한 예절자가 되어야 한다.

나는 교인들에게 전화할 때, 상대가 누구이든 다른 사람의 손을 빌려 전화하지 않았다. 언제나 내가 직접 다이얼을 돌렸다. 다른 사람을 시켜 전화를 거는 것은 사장이라면 모르거니와 목사가 취할 예의는 아니라고 생각했다.

누구에게든 대화 도중 무의식중에 반말이 나오지 않도록 늘 조심했다. 아무에게나 반말하는 것이 마치 권위인 양 종종 오해되고 있기 때문이었다.

나보다 연장자가 내 사무실에 들어왔을 때엔, 그분이 나갈 때에 반드시 따라나가 문 밖에서 인사를 드렸다.

교인의 자동차를 타게 되는 경우가 있을 때, 교인이 직접 운전하면 반드시 앞자리에, 그리고 기사가 운전하면 언제나 운전석 뒷자리에 앉았다. 남의 자동차를 타면서 상석을 차지하지 않았다는 말이다.

교인 댁을 심방하여 예배드릴 때에는 물론 내가 상석에 앉았다. 그것은 하나님 말씀에 대한 예의 때문이었다. 그러나 예배 후 식사를 하게 되면, 그 댁 주인이나 가장 연장자를 상석에 앉게 했다. 그것은 사람에 대한 예의였다.

심방예배를 드릴 때에는 반드시 무릎을 꿇고 예배를 인도했다. 예배가 곧 하나님을 향한 인간의 예의임을 교인들에게 일깨워 주기 위함이었다.

교인들 앞에서 아내를 지칭할 때 '사모'라고 내 입으로 말해 본 적이 없다. '제 처' 혹은 '제 아내'라고 표현했다. 교역자들끼리도 서로의 아내를 '사모님'이라 부르지 않기로 했다. 서로 'OO엄마'라고 불렀다. 젊은 교역자들이 자신들의 아내를 서로 '사모님'이라 부르는 것은, 예의를 다해 교인들을 섬겨야 할 목회자가 가질 마음가짐이 아니라고 판단했다.

해외를 다녀올 경우에는 떠나기 전과 도착 직후에 모든 시무 장로님들에게 빠짐없이 전화를 하여 출국인사와 귀국인사를 했다. 개인적인 일로 당회에 참석치 못하는 장로님이 있을 경우, 당회가 끝난 다음 무슨 논의가 있었는지 반드시 전화로 알려 드렸다. 그분들은 모두 나의 형님뻘이요, 인생 선배들이었기 때문이다.

무엇보다도 항상 정결한 몸과 마음가짐으로 교인들을 대하려 애썼다. 교인들에 대해 그보다 더 바른 예의는 있을 수 없음을 믿으면서 말이다.

목회란 섬김이다. 그리고 예의 없는 섬김은 섬김일 수가 없다. 그런 의미에서 목회자는 철저한 예절자이어야 함을 믿는다. 매사에 예의를 다한다는 것은 번거로운 일처럼 여겨질 수도 있다. 그러나 목회자가 교인들에 대하여 참된 예절자가 될 때, 교인들 역시 목회자를 향하여 진정을 다하는 예절자가 되는 것이다.

5. 목회자는 자기관리자다

> 내가 그리스도를 본받는 자 된 것같이 너희는 나를 본받는 자 되라(고전 11:1).

목회자란 제일 앞장서서 진리의 길을 걸어가는 자이다. 바꾸어 말해 교인들에 앞서 진리의 발자국을 남기는 자이다. 그러므로 목회자는 원든 원치 않든 상관없이 교인들에게 영향을 미치게 된다. 단지 차이가 있다면, 그 영향이 부정적이냐 아니면 긍정적이냐 하는 것뿐이다. 만약 목회자가 그릇된 발자국을 남겨 교인들에게 부정적인 영향을 미친다면 그보다 더 큰 비극은 없다. 주님께서 다음과 같이 말씀하고 계시기 때문이다.

> "누구든지 나를 믿는 이 소자 중 하나를 실족케 하면 차라리 연자맷돌을 그 목에 달리우고 깊은 바다에 빠뜨리우는 것이 나으니라. 실족케 하는 일들이 있음을 인하여 세상에 화가 있도다. 실족케 하는 일이 없을 수는 없으나 실족케 하는 그 사람에게는 화가 있도다"(마 18:6-7).

이런 의미에서 목회자는 누구보다도 투철한 자기관리자여야 한다. 자기관리를 바르게 하지 아니하고서는 사도 바울처럼 교인들 앞에서 "너희는 나를 본받는 자 되라"고 당당하게 말할 수 없고, 이 말을 할 수 없다면 참된 목회자가 될 수는 없다.

나는 주님의교회에서 나의 동역자들과 더불어, 목회자로서 투철한 자기 관리자가 되기 위하여 다음과 같은 사항들을 실천하고, 또 서로 요구하였다.

- 어떤 교인보다 더 많이 성경을 읽고, 어떤 교인보다 더 많이 기도하는 자가 되라. 말씀과 기도는 습관이 되지 않으면 안 된다.
- 새벽기도회가 끝남과 동시에 개인기도를 충분히 하라. 그 시간을 놓치면 하루 중 따로 시간을 내어 기도하기는 어렵다.
- 새벽기도회가 끝난 다음 집에 가서 다시 자지 말라. 하루 중 그 시간보다 영성을 기르기에 더 좋은 시간은 없다.
- 심방의 대가로 어떤 경우에도 돈을 받지 말라. 그것은 상대에게 자신의 인격을 파는 짓이요, 스스로를 삯군으로 전락시키는 짓이다.
- 반드시 시간을 지켜라. 어떤 예배이든 정해진 시간 정각에 시작하라. 사람이 많이 오지 않았다고 예배 시간을 늦추지 말라. 예배 시작 시간이란 사람과의 약속인 동시에, 그 예배를 받으실 하나님과의 약속이다.
- 교인들이 보지 않는 곳에서도 목회자이어야 한다. 교인들이 없다고 해서 목회자의 정체성을 망각한다면 결국 사람들 앞에서는 목회자의 연기를 하는 셈인데, 연기를 통해서는 성령님께서 역사하시지 않는다.
- 토요일은 주일을 준비하는 날이지 반공휴일이 아니다. 만약 목회자의 토요일이 반공휴일이 된다면, 그 순간부터 목

회자는 교인과 구별되지 않는다.

- 어떤 경우에도 자신을 위하여 교회에 금전적인 요구를 하지 말라. 목회자는 주어진 것 속에서 지족(知足)하며 살 수 있어야 한다. 그렇지 않으면 영적 권위는 주어지지 않는다.
- 교인들에게 대접만 받는 사람이 되지 말라. 먼저 베푸는 사람이 되라. 목회자가 나눔의 종착역이 되려 하면 스스로 썩어 버린다.
- 어떤 경우에도 거짓말을 하지 말라.
- 실수를 깨달았을 때는 즉시 사과하라. 실수 자체는 잘못이 아니다. 잘못은 실수를 깨닫고서도 사과하지 않는 것이다. 그러나 같은 실수를 세 번 이상 반복하는 것은 목회자의 자질 문제다.
- 자신이 행하지 못하는 것은 교인에게 요구하지 말고, 교인들에게 설교한 것은 무조건 실행하라. 참된 설교는 강단에서 내려가는 것으로 끝나는 것이 아니라, 오히려 그 순간부터 시작된다.
- 목회활동 중에 알게 된 교인의 비밀은 누구에게도 누설해서는 안 된다.
- 내일 떠나더라도 지금 섬기는 교회를 중간기착지라 생각치 말고 종착역으로 여겨라. 내일이 되기 전에 내 생명이 끝날지도 모른다.
- 명단을 작성할 때에는 교인들의 이름을 먼저 쓰고, 교역자의 이름은 제일 말미에 넣어라. 교인들을 위한 섬김은 종이 위에서도 나타나야 한다.

- 교회 재정에 관여치 말라. 한 번 관여하기 시작하면 재정이 목회의 핵심이 되어 버린다. 목회의 핵은 복음이지 재정이 아니다.
- 예배를 영어로 'service'라 한다. 그러므로 교인들에 대한 서비스 정신에 투철하지 않는 한 진정한 목회자는 될 수 없다.
- 교인수첩 제작 등, 교인 명부를 작성할 때에 교인의 이름이 틀리거나 빠지지 않도록 유의하라. 사람의 이름을 빠뜨리거나 틀리게 기재하는 것은, 그 사람의 존재와 인격 자체를 부정하는 것이다.
- 장례식 때 하관예배의 설교는 5분 이상을 초과하지 말라. 그 때가 유족들이 가장 지쳐 있는 시간이다.
- 하관예배까지 다 끝난 후에는 유족의 집까지 따라가서 위로의 기도를 해 드려라. 장례식을 마치고 집 문을 열고 들어서는 순간이 유족이 가장 외로울 때이다.
- 이성(異性)이 교역자 혼자 심방해 줄 것을 요구하면 절대로 응하지 말라. 이성과는 단 둘이 식사도 하지 말라. 이성과 상담을 할 때에는 반드시 교회 사무실 공개된 장소에서 하라. 정신질환자인 이성이 상담을 요구할 때에는 반드시 누군가를 배석시켜야 한다.
- 다른 목회자가 어떤 일을 주관할 때 반드시 자기 자신을 그 자리에 세워 보라. 그렇지 않으면 자신에게 그 일이 맡겨졌을 때 제대로 감당하기 어렵다.
- 월요일 아침에는 자기 교구 교인 명단을 놓고, 주일에 누

가 보이지 않았는지를 대조하면서 전화로 확인해 보라. 목회는 관심이고 관심은 쏟아야 계발된다.

- 좋은 설교는 그 전체의 내용을 한 문장 혹은 한 단어로 표현할 수 있어야 한다. 이것이 불가능하다면, 그것은 그 설교에 초점이 없다는 의미이다.
- 목회자들끼리 서로 사랑해야 한다. 목회자들이 서로 사랑하지 못하면, 그 입에서 발해지는 말들은 모두 공허한 메아리일 뿐이다.
- 토요일 신문이 오면 주일에 대한 일기예보를 확인하고 필요한 조처를 미리 취하라.
- 부목사 시절에 세계문학전집 한 질은 반드시 읽어라. 목회의 대상은 사람이고 문학은 사람에 관한 사람의 이야기이기에, 문학은 사람에 대한 앎의 깊이를 더해 준다. 사람을 알지 못하는 자의 설교는 사람을 변화시키지 못한다.
- 다른 사람이 설교할 때 주의를 집중하여 설교를 경청하라. 타인의 설교를 소홀히 하면 다른 사람도 나의 설교에 집중치 않는다. 다른 사람의 설교에 목회자가 귀기울이는 것 자체가 이미 교인을 향한 훌륭한 설교다.
- 지식과 정보는 반드시 공유하라.
- 교회의 모든 행사는 교역자 위주가 아니라 교인 위주여야만 한다.
- 신학자는 수직적인 사고만으로도 족하지만, 목회자는 수직적인 사고와 수평적인 사고가 교직되어야 한다.
- 절대적인 것을 위해서는 목숨을 걸 수도 있어야 하지만, 상

대적인 것이라면 모두를 양보할 수도 있어야 한다.

- 삶은 결코 되돌아오는 법이 없기에, 목회자는 자기를 바로 세우기 위하여 중단 없이 정진해야만 한다.

지난 10년 동안 나의 목회지는 주님의교회였다. 나는 주님의교회를 떠나본 적이 없다. 부흥사처럼 다른 교회에 집회를 하러 다닌 적도 없다. 그럼에도 불구하고 나는 지난 10년 동안, 나의 목회가 주님의교회에만 국한된다는 생각을 해 본 적이 없다. 나의 목회 대상은 한국 교회라는 마음으로 10년을 지내 왔다. 내가 주님의교회에서만 목회한다 할지라도 나의 목회는 반드시 자국을 남기게 마련이고, 그 자국은 긍정적이든 부정적이든 필히 한국 교회에 영향을 미친다고 확신했기 때문이다.

우리가 만나 본 적도 없는, 그리고 그 당시에는 결코 유명인사도 아니었던 주기철 목사님이나 손양원 목사님 같은 분을 존경하며 본받으려 하는 것은, 그분들이 남긴 바른 자국 때문일 것이다. 그래서 나는 목회자로서 자기관리에 충실키 위하여 애쓰지 않을 수 없었다. 내가 남긴 목회 자국이, 어떤 의미에서건 한국 교회에 부정적인 영향을 미치게 해서는 안 되겠기에 말이다.

이런 의미에서 백범 김구 선생이 즐겨 인용한 서산대사의 시는 모든 목회자에게 금언이 된다.

踏雪野中去 不須胡亂行
今日我行跡 遂作後人程

눈 덮인 들판을 걸어갈 때
발걸음 하나라도 어지럽히지 말라
오늘 내가 가는 이 길은
뒷사람의 이정표가 될 것이기에.

정신여고 강당 건축은 어떻게 가능했나?

전술한 바와 같이 주님의교회는 1988년 6월 26일, 한남동 소재 여성청년교육원 세미나실에서 창립되었다. 교인 수가, 60여 명 남짓 들어갈 수 있는 세미나실의 수용능력을 넘었을 때, 주님께서는 창립 4개월 만인 88년 11월 1일 우리를 강남 YMCA회관 2층 예식장으로 인도해 주셨다. 160명을 수용할 수 있는 그 예식장에서 주일예배와 수요예배뿐 아니라 새벽기도회까지 드릴 수 있었다. 다음 해인 89년 1월 1일부터 강남 YMCA회관 내에 20평의 전용공간을 얻어 10평은 교회 사무실, 나머지 10평은 성경공부를 할 수 있는 세미나실로 썼다. 우리는 그 세미나실을 교육관이라 불렀다. 바로 그 곳에서 1월 8일부터 이영신 · 임승희 · 이인호 전도사님의 담당하에 영아부 · 아동부 · 중고등부를 위한 교회학교가 시작되었기 때문이다.

YMCA회관 2층 예식장도 교인을 다 수용할 수 없게 되자, 하나님께서는 90년 4월 1일부터 4층 대강당으로 예배 장소를 옮겨 주셨다. 대강당의 공식적 수용능력은 400명 정도였다. 늘어난 교회학교 학생들은 YMCA회관 연수실들을 빌려 예배를 드렸다. 저녁예배와 수요예배 그리고 새벽기도회 시간에는 여전히 2층 예식장을 사용하였다. 비록 우리의 예배당을 소유치 아니 하였을지라도, 주님께서는 교인이 늘어나는 만큼 한 치의 오차도 없이 적합한 예배 장소를 필요할 때마다 허락해 주셨다.

계속 교인이 늘어나자 강남 YMCA가 난처해지고 말았다. 몇몇 교회들이, 초교파적이어야 할 YMCA가 왜 특정 교회를 입주시켜 교회를 하게 하느냐고 항의를 하였던 것이다. 입장이 곤란해진 YMCA는 90년 7월경에, 주일 낮예배는 어떤 경우에도 4층 대강당에서 드릴 수 있도록 보장할 테니, 저녁예배와 새벽기도회 장소 그리고 교회 사무실만은 YMCA회관 밖으로 옮겨 줄 것을 요청하였다. 우리는 우리로 인하여 YMCA가 난처해지는 것을 원치 않았을 뿐 아니라, 이미 그 때에는 YMCA 내에 있는 20평의 전용공간이 교인 수에 비해 턱없이 협소해져, 그렇지 않아도 더 넓은 공간이 필요할 때였기에 기꺼이 사무실을 옮기기로 하였다. 마침 YMCA 후문 바로 맞은편에 신축중인 건물이 있었다. 우리는 그 대봉빌딩 지하실 110평을 전세로 임대하여 20평은 사무실, 70평은 교육관, 20평은 식당 및 유아예배실 겸용으로 꾸민 뒤, 90년 9월 1일에 입주하였다. 그리고 주일 낮예배만 YMCA의 4층 대강당에서 계속 드리고, 그 외의 모든 예배는 대봉빌딩 교육관에서 드렸다. 그와 동시에 YMCA의 난처한 입장은 해소된 셈이었다.

그로부터 1년이 지나 91년 연말이 되었을 때 이번에는, 주일 저녁예배와 수요예배에 참여하는 교인들을 수용하기에는 대봉빌딩 교육관도 협소해지고 말았다. 미리 무슨 대안을 마련해야만 했다. 그런데 바로 그 시점에 느닷없이 강남 YMCA로부터 연락이 왔다. YMCA회관 1층과 2층에 위아래로 연결된 공간 250평이 나왔으니, 원한다면 우리더러 입주하라는 것이었다. 불과 1년 전 우리로 인하여 난처해진 입장 때문에 회관 밖으로 옮겨 줄 것을 요구했던 YMCA가, 1년 만에 자진하여 우리의 입주를 요청하고 나선 것이다. 이를테면 우리가 1년 전에 비하여 무려 10배 이상의 전용공간을 YMCA회관 내에 얻음으로 인하여, 또 주위의 항의가 있더라도 YMCA가 감수하겠다는 의미였다. 하나님이 행하시는 오묘한 역사였다.

우리는 당회의 결의를 거쳐 91년 말, YMCA측과 250평에 대한 전세 계약을 체결하였다. 그리고 2개월 간의 내부수리를 거쳐 92년 3월 1일에 입주하였다. YMCA로부터 사무실을 철수한 지 정확하게 1년 6개월 만의 귀환이었다. 2층 100평은 교육관으로, 1층 150평은 사무실과 두 개의 세미나실 그리고 주방과 친교를 위한 공간으로 사용되었다. 주일예배는 여전히 4층 대강당에서 드렸고, 그 이외의 모든 집회는 2층 교육관에서 가졌다. 2층 교육관과 1층 세미나실을 CCTV로 연결하여 수요예배 시에도 장소가 부족하지 않도록 하였다. YMCA회관 지하주차장을 무료로 사용할 수 있었으므로 주차장 문제도 해결되었다. 하나님께서 우리에게 베푸시는 은혜에는 도무지 부족함이 없었다.

3년이 지나 95년 봄이 되었다. 계속 늘어나는 교인으로 인해 YMCA 4층 대강당도 슬슬 비좁아지기 시작했다. 특히 주일 낮 11시 30분에 시작되는 3부 예배 때의 혼란이 가장 극심했다. 예배가 끝나는 시간과 맞물려 YMCA 2층 예식장을 찾는 결혼식 하객들로 인하여, 1층 로비는 인산인해가 되고 주차장은 마비되기 일쑤였다. 이미 결혼시즌이 시작된 것이었다. 결혼시즌이 되기만 하면 상대적으로 비용이 저렴한 YMCA 2층 예식장은 늘 만원이었다. 매주일 그와 같은 혼잡이 계속되면서, 이제 강남 YMCA회관 자체가 주님의교회를 수용하기에는 역부족이라는 공감대가 교인들 사이에 일어나기 시작했다. 뭔가 새로운 조치가 필요하였다. 아니, 이제 또다시 하나님의 새로운 인도하심이 있을 것을 믿었다.

95년 5월 31일 수요일이었다. 하루 종일 서재에서 설교 준비를 한 뒤 수요예배를 드리기 위하여 교회로 갔을 때, 내 책상 위에 편지가 한 통 놓여 있었다. 발신자는 정신여고 교목 이용욱 목사님이었다. 정신여고가 여름방학을 이용하여 한국을 알지 못하는 재미교포 여고생 10명을 초청하여 한국을 체험케 해 주려는데, 그들이 한국에 체류하는 동안 필요한 경비 일부를 보조해 달라는 내용의 공문이었다. 그 때는 그런 내용의 공문은 담당 부목사님이 제직회의 해당 부서로 전달하여 해결하던 때인데, 웬 영문인지 그 공문만은 내 책상 위로 직접 전달된 것이었다. 그렇다고 해서 발신자인 이용욱 목사님과 개인적인 친분이 있는 것도 아니었다. 그분과는 일면식도 없었다. 그럼에도 불구하고 개인편지도 아닌 공문이 내 책상 위로 전달된 것은 누군가의 착오였음이 분명했다. 나는 그 공문을 해당 부서로 전할까 하다가, 그 다음 주일 저녁(6월 4일)에 정기당회가 예정되어 있음을 상기하고 당회의 안건으로 올렸다.

6월 정기당회는 그분이 요청한 금액을 지원하기로 결정하였다. 며칠 후 이용욱 목사님으로부터 전화가 왔다. 당회의 결정에 감사하는 전화였다. 그리고 방한하는 재미교포 여고생을 데리고 7월 23일 주일 저녁예배 시간에 감사인사차 방문하겠다는 것이었다. 난생 처음으로 고국을 방문하는 교포 소녀들이 인사하러 오겠다는데 가만히 앉아서 맞이할 수는 없을 것 같았다. 나는 이 목사님에게, 교포 소녀들을 위하여 그 날 저녁식사를 교회에서 준비하겠다고 말했다. 그리고 이왕이면 그 날 저녁예배 시간에 '학원선교' 에 대해 말씀을 전해 줄 것을 부탁하였다.

7월 23일이 되었다. 오후 5시경에 도착한 재미교포 소녀들은 교회 식당에서 봉사부원들이 마련한 저녁을 함께 나누었다. 이용욱 목사님은 나와 함께 몇몇 중직들과 같은 식탁에서 식사를 하게 되었다. 식사가 끝나고 차를 들면서 이 목사님이 다음과 같은 요지의 말을 하는 것이었다.

20년 전에 학교 캠퍼스를 잠실 야구장 앞으로 옮긴 정신여중·고(이하 편의상 정신여고라고 표기한다)는, 당시 재정적인 문제 때문에 터는 마련해 놓고서도 대강당을 건축하지는 못했다. 알려진 대로 정신여고는 미션 스쿨이다. 그러나 학생들이 예배드리려 해도 예배드릴 장소가 없는 지경이었다. 할수없이 학교측에서는 시청각 교실로 예정되어 있던 여고 5층의 대형교실 2개를 터서 소강당으로 개조하고 그 곳에서 예배를 드렸다. 그러나 소강당의 수용인원은 아무리 꼭 끼어 앉아도 800명 남짓이어서, 여고생만 하더라도 2,500명에 달하는 전교생이 함께 예배를 드릴 수는 없었다. 어쩔 수 없이 학년별로 돌아가며 예배를 드려야만 했다. 자연히 뜻 있는 사람들이, 전교생이 한자리에 모여 예배드릴 수 있는 대강당 건축을 위하여 하나님께 간절히 기도하기 시작했다. 그러나 학교에는 예산이 없고, 그렇다고 해서 동창회에 기금이 있는 것도 아니다 보니 그저 막연할 따름이었다. 그래도 기도하던 사람들은 기도하기를 멈추지 않았다. 다행히 모 교회가 강당을 지어 줄 테니 사용권을 자기 교회에 달라는 초보적인 제안이 있었지만, 교단과 조건이 다른 것 등 여러 문제로 인하여 성사되지 않았다는 것이다. 그러나 주님의교회와 정신여고는 같은 교단에 소속되어 있고 또 주님의교회는 자기 예배당을 소유하지 않기로 한 교회인만큼, 주님의교회가 정신여고에 대강당을 지어 주고 함께 사용하면 얼마나 좋겠느냐는 것이었다.

나는 이 목사님의 말을 들으면서 그저 이상적인 생각으로만 받아들였을 뿐이었다. 대강당을 지어 주기 위해서는 엄청난 자금이 소요될 텐데, 주님의교회에는 그런 거금이 없기 때문이었다. 매달 헌금의 50%를 이웃과 나누고 있는 판에 엄청난 규모의 대강당을 지어 줄 거금이 있을 리가 없었던 것이다. 그런데 그 자리에 동석해 있던 김도묵 장로님이 전혀 예상 밖의 의견을 피력하는 것이었다. 김 장로님의 말인즉 우리가 이웃과 나누고 있는 헌금의 50%를 활용하고, 또 건설회사와 공사기간 및 대금 결제 방법을 잘 조절하면 전혀 불가능할 것 같지 않다는 것이었다.

그것은 참으로 코페르니쿠스적인 대발상이었다. 나는 우리가 헌금의 50%를 이웃과 나누기 때문에 불가능하다고 생각한 반면에, 장로님은 그러므로 가능할 수 있다고 생각한 것이었다. 장로님의 말을 듣는 순간 내 마음속에는 '아! 이것이구나' 하는 생각이 불현듯 스쳤다. 바로 그 해 초 어느 집사님에 의하여 선교비와 관련된 불미스러운 사건이 있었음을, 그리고 그 사건으로 인하여 많은 사람들이 헌금의 50%를 나누는 방법에 대하여 재고하게 되었음을 이미 1장에서 언급한 바 있다. 그런데 이제 뭔가 하나님께서 우리를 통하여 이루실 새 일의 윤곽이 드러나는 느낌이었다. 나는 귀한 정보를 제공해 준 이 목사님에게 감사를 표한 뒤, 그 자리에 동석해 있던 분들께 앞으로 가능한 방법을 서로 연구해 보자고 제의했다. 그리고 김도묵 장로님에게는 당시 우리 교회 헌금 수준으로 어떤 조건이면 공사를 감당할 수 있겠는지 검토해 줄 것을 부탁했다. 만약 가능한 일이라면 정신여고 교장선생님을 만나 볼 작정이었다.

그 날 저녁 찬양예배 때, 정신여고 이용욱 목사님이 '학원선교'라는 제목의 설교를 했다. 재미교포 소녀들의 아름다운 특송도 있었다. 설교도, 특송도 모두 은혜로웠다. 지금 돌이켜보면 그 밤은 하나님께서 연출하신 위대한 밤이었다. 하나님의 새 역사가 시작되고 있었던 것이다.

그 다음 날인 7월 24일 월요일부터, 이미 예정되어 있던 나의 피정이 시작되었다. 가족과 더불어 피정을 끝내고 7월 28일 금요일에 귀가했을 때, 정신여고 송창규 교감선생님이 아내를 찾았다는 전화 메모가 있었다. 송 교감선생님은 정신여고 65회 졸업생인 아내의 여고시절 담임선생님이자, 아내가 단원이었던 노래선교단의 총무였다. 그런 인연으로 평소에도 이따금씩 연락이 오가는 관계였다. 송 선생님과 통화를 끝낸 아내가 말했다. 지동소 교장선생님이 정신여고 강당 건축과 관련하여 우리 부부를 빠른 시일 내에 만나 보기를 원한다는 것이었다. 내가 먼저 학교측에 접촉을 시도할 참이었는데, 오히려 학교측에서 먼저 연락이 온 것이었다. 그 동안 이용욱 목사님으로부터 무슨 이야기를 들었음이 분명했다. 아내와 함께 보자는 것은 지동소 교장선생님 역시, 아내가 노래선교단원이었던 당시 단장이었던 인연 때문일 것이었다. 나는 그 다음 월요일 오후에 지 교장선생님과 만나기로 약속하고, 김도묵 장로님에게 연락하여 그 날 동참해 줄 것을 요청하였다. 정신여고 책임자와의 첫 대면을 개인적인 만남으로 갖는 것보다는, 장로님과 더불어 공적인 만남이 되게 하는 것이 나으리라는 판단에서였다.

7월 31일 오후 3시 30분, 약속장소인 정신여고 교장실에서 지동소 교장선생님, 송창규 교감선생님, 김도묵 장로님 그리고 아내와 나, 이렇게 다섯 사람이 마주 앉았다. 오래도록 대강당 건축을 위하여 기도해 온 분답게 지 교장선생님은 아주 구체적인 복안을 갖고 있었다. 학생들이 잠을 자면서 신앙 훈련을 할 수 있는 생활관과 전교생이 함께 예배를 드릴 수 있는 강당 등을 포함하여 총 2,100평의 건평에, 65억 원의 공사비가 소요되는 복합건물(이하 대강당이라 부른다)을 계획하고 있었다. 정신여고가 동창회를 통한 모금 등으로 자체 조달할 수 있는 금액을 아무리 높게 잡아도 15억 정도밖에는 추산되지 않으므로, 결국 50억 원이 부족한 셈이었다. 그래서 지 교장선생님이 생각해 낸 것이 교회의 도움이었다. 교회의 도움으로 대강당을 건축하는 대신 교회가 신축건물에 상주할 수 있도록 해 주고, 또 주일에는 교회가 전적으로 사용토록 한다는 것이었다. 그리고 주님의교회가 그 일을 맡아 줄 수 있겠는지를 물었다. 말하자면 정신여고 책임자로부터 공식적인 제의를 받는 순간이었다. 김 장로님이나 나로서는 반대할 이유가 없었다. 그 자리에 갔다는 것 자체가, 이미 정신여고 강당 건축을 우리의 사명으로 인식하고 있음을 의미했기 때문이다. 우리는 정신여고 강당 건축에 원칙적인 합의를 하였다. 단지 이 대역사는 그 자리에 참여한 사람들만의 합의로는 성사될 사안이 아니었기에 서로 필요한 과정을 밟기로 하였다. 정신여고측은 이사회의 공식적인 승인을, 주님의교회는 당회의 승인을 받기로 한 것이다.

정신여고를 떠나기 전 지 교장선생님의 안내로 대강당 건축부지를 둘러보았다. 이미 20년 전에 강당부지로 조성하였음에도 불구하고 여건이 허락되지 않아, 당시 테니스장으로 임대되고 있던 1,000평의 부지는 참으로 광활하게 보였다. 그 부지 앞에 섰을 때 내 마음속에는 말할 수 없는 감동의 물결이 일었다. 하나님께서 우리 주님의교회를 믿어 주신다는 감동이었다. 지난 20년 동안 저 강당부지를 바라보면서 얼마나 많은 사람들이, 저 곳에 어린 학생들이 예배드릴 수 있는 강당을 세워 달라고 하나님께 기도드렸겠는가? 그런데 20년이 지난 지금 주님의교회를 통하여 그 오랜 기도에 응답하고 계신다. 이 땅의 많은 교회 가운데 주님의교회를 이 응답을 위한 당신의 도구로 선택하신 것이다. 이 역사에 관한 한 주님의교회를 믿고 계시는 것이었다. 인간에게, 하나님께서 친히 믿어 주신다는 것보다 더 큰 감동이 어디에 있겠는가? 어디 그뿐인가? 이 강당 건축을 통하여 하나님께서는, 이미 YMCA 대강당이 포화상태가 된 주님의교회 예배 처소 또한 해결해 주고 계시는 것이었다. 하나님께서는 주님의교회가 창립되기도 전에, 20년 전부터 주님의교회를 위하여 정신여고 대강당을 예비하고 계셨던 것이다. 정신여고 강당 건축—그것은 주님의교회에 주어진 하나님의 명령인 동시에, 주님의교회를 위한 하나님의 예비하심이었다. 교회가 미션 스쿨에 전교생이 함께 예배를 드릴 수 있는 대강당을 지어 주고, 주중에는 학교가, 그리고 주일에는 교회가 사용한다는 것은 21세기를 향한 교회의 새로운 모델이 될 것이 분명했다. 지금 하나님께서는 당신의 그 새 역사를 우리를 통해 펼치시려는 것이다. 가슴이 벅차 오르지 않을 수 없었다.

엿새 후인 8월 6일 주일, 저녁예배가 끝난 뒤 8월 정기당회가 열렸다. 정신여고 강당 건축 건은 마지막 안건으로 올랐다. 내가 먼저 제안설명을 한 다음 김도묵 장로님의 보충설명이 뒤따랐다. 그러나 그 자리에서 금방 결론을 내릴 수는 없었다. 워낙 엄청난 금액을 필요로 하는 사안이기 때문이었다. 주님의교회 창립 이후 단일 안건으로 50억을 다루기는 처음이었다. 애당초 그 날 결의되리라고는 기대도 하지 않았다. 그 날은 이 안건을 제안하는 데 의미를 두었다. 나는 당회원들에게 1주일 동안 이에 대하여 기도하며 숙고한 후, 다음 주일 저녁에 다시 논의할 것을 제의하고 폐회하였다.

1주일이 지난 8월 13일, 주일 저녁예배 후에 다시 당회가 모였다. 한 주간 동안 생각할 겨를이 있었기에, 그 날은 장로님마다 돌아가면서 뚜렷한 자기의사를 피력했다. 한 분의 장로님이 분명하게 반대의사를 밝혔다. 그분이 반대하는 이유는 한 가지였다. 그동안 주님의교회는 자체 예배당을 소유하거나 건축하지 않기로 했는데, 아무리 강당을 지어 준다지만 우리가 지어 준 강당에서 우리가 예배를 드린다면 그것은 결국 우리 예배당을 건축하고 소유하는 것 아니냐는 것이었다. 말하자면 원칙에 대한 의문의 제기였다. 다시 말해 우선 순위에 대한 문제 제기였다. 정신여고 강당을 지어 주는 것이 겉으로는 정신여고를 위하는 것 같지만, 실제로는 우리 자신들의 예배당 문제를 해결하려는 것이 우선 순위 아니냐는 것이었다. 그것은 참으로 좋은 문제 제기였다. 우리는 종종 그런 실수를 범하기 때문이다. 우리가 강당을 지어 주더라도 소유주는 어디까지나 정신여고요 우리는 그 건물을 빌려 쓸 뿐임을 다시 밝힌 후, 한 주간 동안 좀더 깊이 생각해 본 뒤 다음 주일에 가부간 결론을 내리자고 말했다. 우리 모두 우리가 하려는 일의 우선 순위가 정말 어디에 있는지 근본적으로 재점검해 보자는 뜻에서였다.

나는 1주일 동안 하나님 앞에서 기도하면서, 내가 과연 어디에 우선 순위를 두고 있는지 몇 번이고 자문해 보았다. 나는 과연 이 일의 최우선 순위를 주님의교회 예배 처소에 두고 있는가? 아니었다. 예배 처소가 목적이라면 이보다 더 어리석은 일은 없었다. 정신여고 강당을 짓는 데 필요한 50억 원이면 매달 이자만도 5,000만 원이다. 매달 그 이자의 절반만 지불해도 서울 시내에서 어느 학교강당이든 주일예배를 위해 빌리지 못할 까닭이 없었다. 어차

피 모든 학교의 강당은 주일이면 비어 있게 마련이니 말이다.

그렇다면 이 일의 우선 순위가 정신여고에 있는가? 그것도 아니었다. 세상에는 우리의 도움을 필요로 하는 사람들이 수없이 많다. 그럼에도 불구하고 우리가 50억 원이나 쏟아 부으면서, 아무런 상관도 없는 정신여고에 최우선 순위를 두어야 할 이유가 적어도 정신여고 자체에는, 아무리 생각해도 있을 수 없었다.

혹 나는 나 자신에게 우선 순위를 두고 있는가? 나 자신의 명예를 위하여 이 일을 행하려 하고 있는가? 그것 역시 아니었다. 나는 앞으로 2년 10개월 후면 퇴임할 사람이다. 어쩌면 나는 신축된 강당의 강단에 서 보지도 못할 것이다. 만약 나 자신의 영광을 위해서라면 얼마든지 다른 일을 선택할 것이다. 하나님 앞에서 아무리 자문해 보아도 나는 이 일에 관한 한 나 자신에 대하여 부끄러울 바가 없었다.

이것도 저것도 아니라면 도대체 나는 이 일의 우선 순위를 어디에 두고 있단 말인가? 두말 할 것도 없이 나의 우선 순위는 하나님이셨다. 하나님께서 하라고 하시기 때문에 이 엄청난 일을 하려는 것이다. 하나님께서 우리를 믿으시고 우리를 통하여 정신여고 강당을 건축하시려 우리를 쓰시고 계심이 확연히 보이기에 순종할 따름인 것이다. 만약 하나님께서 우리를 도구 삼아 고아원을 지으시려는 계획을 보여 주신다면, 우리에게는 정신여고 강당을 생각해야 할 이유가 전혀 있을 수 없을 것이다. 또 우리가 하나님께 순종한 결과로 하나님께서 정신여고 강당에서 예배드리게 하신다면 그것은 우리의 중심을 아시는 하나님, 이제껏 필요할 때마다 한 치의 오차도 없이 적합한 곳으로 인도하셨던 하나님의 예비하신 은총일진대 조금이라도 마다할 일이 아니었다. 만약 마다한다면 그것이야말로 교만일 것이었다. 이 일의 최우선 순위 되신 하나님 앞에서 모든 것은 명확하였다.

8월 20일 주일, 정신여고 강당과 관련하여 세 번째 당회가 열렸다. 놀랍게도 당회가 시작되자마자 모든 장로님들이 찬성을 표하는 것이었다. 지난 주일 반대의사를 피력했던 분까지 이의 없이 찬성하였다. 만장일치로 가결된 것이었다. 각 자 1주일 간 기도하는 동안에, 하나님께서 당신이 이 일의 최우선 순위 되심을 한 분 한 분에게 친히 일깨워 주신 결과로 믿었다. 김도묵 장로님이 재정부와의 검토를 토대로, 공사비 50억 원을 3년에 나누어 지불할 경우 자체 조달할 수 있는 자금이 대략 32억 원 정도 되겠다고 밝힘에 따라, 예상되는 부족금액 18억 원에 대해서는 적당한 시기를 정하여 특별헌금을 실시할 것도 결의했다. 앞으로 이 일을 추진하기 위한 건축 위원으로 김도묵 · 정재경 · 양동훈 · 김소일 장로님을 선임했다. 이로써 정신여고 강당 건축은 공식적으로 주님의교회 몫이 된 것이었다. 새로운 차원의 사회와의 나눔이란 의미에서 말이다.

그러나 그 다음 날부터 기도하기 위해 하나님 앞에 무릎을 꿇기만 하면 마음이 불편해졌다. 정신여고 강당 건축을 위하여 18억 원의 특별헌금을 실시키로 한 결정 때문이었다. 이 일을 위하여 교인들로 하여금 특별헌금을 하도록 당회가 결의한 것은 아무래도 사려 깊지 못했던 것처럼 여겨졌다. 물론 교회가 하는 일을 위하여 교인들이 자발적으로 헌금한다면 그것은 지극히 아름다운 일이요, 아무런 문제가 될 것이 없다. 그러나 교인들의 의사와는 상관없이 모든 교인들로 하여금 반드시 헌금하게 하고서야 우리가 비로소 완수할 수 있는 일이라면, 하나님께서 구태여 우리에게 이 일을 맡기실 까닭이 없다는 생각이 시간이 갈수록 더 강해졌다. 하나님의 목적이 정신여고 강당 자체라면, 이 세상에 돈 많은 교회가 얼마나 많은가? 하나님께서 그 중의 한 교회를 택하신다면 간단하게 해결될 문제였다. 그러나 하나님께서 그런 돈 많은 교회를 택하지 않으시고 우리처럼 상대적으로 미약한 교회를 선택하신 까닭은 바로 정신여고 강당 건축 방법에 있다는 뒤늦은 깨달음이었다. 다시 말해 흔히 대개의 교회가 그렇게 하듯, 모든 교인으로 하여금 인위적으로 헌금을 하게 하지 않고서도 이 일을 이루시기 위하여 우리를 선택하셨다는 자각이었다.

주님의교회는 이제껏 헌금의 50%로 이웃과의 나눔을 실천해 왔다. 그리고 하나님께서는 이제 우리에게 정신여고 강당이라는 새로운 미션을 주셨다. 그렇다면 하나님께서 우리를 통해 세상에 보이시고자 하는 것은 궁극적으로 무엇이겠는가? 교회가 헌금의 50%만 착실하게 사회와 나누어도 사회를 위하여 얼마나 크고 아름다운 일을 할 수 있는지를 보이려 하심이 아니겠는가? 진정한 하나님의 일은 사람이 헌금을 강요하지 않아도, 아니 교인들의 자발적인 헌금만으로 이루어짐을 보이시려 함이 아니겠는가? 그렇다면 나의 사회로 18억 원의 특별헌금 실시를 결의한 당회의 결정은 분명 잘못일 수밖에 없었다. 어떻게든 당회 의장인 내가 책임을 져야 했다.

교인들로 하여금 인위적으로 18억 원의 특별헌금을 하게 하지 않고서도 정신여고 강당을 건축할 수 있는 길은 한 가지밖에 없었다.

공사는 먼저 해 주되 공사비는 우리 형편에 맞게 연부(年賦)로 받아 줄 건설회사를 찾는 것이었다. 나는 벽산 그룹의 김인득 회장님을 만나 부탁해 보기로 했다. 나는 목회를 시작한 이래 그 때까지, 내 자신의 개인적인 문제로 누구에게 금전과 관련된 부탁을 해 본 적이 단 한 번도 없었다. 그러나 이번에는 사정이 달랐다. 이것은 하나님의 일이었다. 하나님의 일을 위해서라면 수십억 원 정도가 아니라 수백억 원이 드는 일이라 할지라도 부탁 못 할 이유가 없었다. 나는 벽산그룹 회장실로 전화를 했다. 김인득 회장님은 신병치료차 일본에 체류중이라 했다. 비서는 김 회장님이 귀국하는 대로 전화를 주겠노라고 약속했다. 그 때 명예회장 직함을 갖고 있던 김 회장님은 암 투병중이었다. 그분이 귀국하기를 기다리는 수밖에 없었다. 나는 8월 27일 주일에 다시 임시당회를 열어 나의 복안을 설명했다. 그리고 그 전 주일에 결의했던 '18억 원 특별헌금 실시' 는 당분간 유보할 것을 제안하고 당회의 동의를 얻었다.

9월 12일 지동소 교장선생님으로부터, 정신여고 이사회에서도 주님의교회에 의한 강당 건축이 승인되었다는 연락을 받았다. 그래서 나는 9월 17일 주일 낮예배 시간에 전 교인들에게, 당회가 정신여고 강당을 건축해 주기로 한 것을 알렸다. 감사한 것은 교인들이 은혜로 받아들이면서, 교회가 이처럼 새로운 차원에서 사회와 나눔을 하게 되었음을 긍지로 여기는 것이었다.

10월 9일 일본에서 귀국한 김인득 회장님으로부터 전화가 왔다. 이틀 후에 만나기로 약속했다. 10월 11일 12시, 남산 하얏트 호텔 일식당에서 김인득 회장님과 마주 앉았다. 김인득 회장님은, 나와는 개인적으로 사돈간일 뿐 아니라 87년부터 수년 동안 벽산그룹 직장예배에서 내가 설교를 담당했던 적이 있어, 평소에도 나를 퍽 아껴 주던 분이었다. 나는 정신여고 강당 건축 건에 대하여 설명한 뒤, 벽산건설이 '선(先)공사 후(後)분할상환'으로 이 공사를 담당해 줄 것을 부탁했다. 구체적으로 말해 공사비를, 공사가 끝난 뒤에 가능한 한 긴 기간에 걸쳐 나누어 지불할 수 있도록 부탁했다. 김 회장님은, 당신은 건강상 명예회장으로 경영일선에서 물러나 있으므로 일단 벽산건설을 경영하고 있는 셋째 자제와 상의는 해 보겠지만, 혹 일이 성사되지 않더라도 오해하거나 서운해하지 말라고 했다. 어떻게 들으면 거절이었다. 그러나 실망할 것은 없었다. 나는 계속 씨를 뿌릴 뿐이고, 하나님께서 반드시 열매를 거두실 것이기 때문이었다.

10월 26일 당회는, 주님의교회 교인이면서 우리건축을 운영하고 있는 이귀영 집사님에게 정신여고 강당 설계를 맡기기로 결의하였다. 교회가 하는 일은 교회 밖의 사람에게 맡겨야 한다는 의견도 있었지만, 교회 내부 사람이 교회 일을 더 책임감을 갖고 할 것이란 의견이 대세여서 이귀영 집사님으로 결정되었다. 물론 사전에 이 집사님이 설계했던 건축물을 직접 답사하여 그의 능력을 객관적으로 평가한 다음이었다.

해가 바뀌어 1996년이 되었다. 그 동안 주님의교회의 대(對) 정신여고 창구 역할을 담당했던 김도묵 장로님이 1년 동안 안식년을 갖게 됨에 따라, 당회는 건축위원 중 정재경 장로님으로 하여금 그 역할을 맡게 하고 건축위원장이란 공식 명칭을 사용키로 했다. 지난 4개월 동안 김도묵 장로님이 기초를 다지기 위해서 애썼다면, 정재경 장로님은 이제부터 그 기초 위에 정말 집을 지어야 할 막중한 사명을 부여받은 셈이었다.

1월 18일, 윤좌원 집사님으로부터 전화가 왔다. 벽산건설에서 '공사비 5년 상환 조건'으로 정신여고 강당 시공을 맡아 줄 의사를 밝혔으니, 나더러 직접 벽산건설의 김희근 회장님을 만나 보라는 것이었다. 윤좌원 집사님은 벽산그룹의 영업본부장으로서, 내가 정신여고 강당 건축과 관련하여 김인득 회장님을 만났던 사실을 알고 있었다. 그런데도 별 진척이 없자, 윤 집사님이 직접 벽산건설 김희근 회장님을 독촉했던 것이었다. 윤 집사님과 김 회장님은 인척지간이다.

1월 23일 오전 9시, 윤좌원 집사님과 함께 여의도에 있는 벽산건설에서 김희근 회장님을 만났다. 공사기간을 2년으로 잡고 완공 후 4년까지, 다시 말해 공사가 시작되는 시점으로부터 6년에 걸쳐 공사비를 완불하되, 완공 후에는 잔금에 대해 금융비용을 부담한다는 조건으로 정신여고 강당을 먼저 지어 주겠다는 약속을 해 주었다. 만약 벽산보다 나은 조건을 제시하는 건설회사가 있으면 언제든지 그 쪽에 일을 맡겨도 좋다는 배려도 해 주었다. 나는 교회로 돌아와 김인득 명예회장님께 감사전화를 드렸다. 벽산건설과의 합의는 김인득 회장님의 그늘 아래에서 이루어진 일이었기 때문이다.

그로부터 며칠 후에 나는 한 과정을 간과하고 있음을 깨달았다. 우리 교회 교인으로 강산건설을 경영하고 있는 박재준 집사님의 의사를 타진해 보려 하지 않았다는 것이었다. 그분에게도 주님의교회 제직으로서, 교회가 하고자 하는 일에 앞장서고픈 마음이 얼마든지 있을 수 있었다. 그런데 그분과는 단 한 번의 의사타진도 없이 교회 밖 벽산건설과만 일을 추진해 왔다는 것이, 웬지 그분에게 목회자로서 큰 결례를 한 것 같았다. 그래서 나는 2월 6일 오후 3시, 교회 사무실에서 건축위원장인 정재경 장로님과 함께 박재준 집사님을 만났다. 나는 집사님에게 그 동안의 진행과정을 상세하게 설명하면서, 이제껏 박 집사님의 의사를 타진해 본 적이 없었음을 사과했다. 그리고 혹 강산건설이 이 일을 맡을 의사가 있는지를 물었다. 만약 있다고 한다면, 나는 당회로 하여금 시공자를 결정케 할 생각이었다. 박재준 집사님은 벽산건설이 이 일을 추진할 수 없는 경우가 발생한다면, 벽산건설과 같은 조건으로 자신이 감당하겠노라고 말했다.

2월 7일, 당회는 나와 벽산건설 사이에 있었던 합의를 추인하였다. 그리고 벽산건설이 '선공사 후분할상환'을 수용한 만큼, 95년 8월 20일 임시당회에서 결의했던, '18억 원 특별헌금 실시 건'을 철회키로 하였다. 그야말로 매주 헌금의 50%와 교인들의 자발적인 헌금만으로 정신여고 강당 건축의 대역사는 이루어지게 된 것이다.

3월 2일은 토요일이었다. 수많은 교인들이 각자 걸레나 빗자루 같은 청소도구를 지참하고 정신여고로 모여들었다. 3월 첫째 주일인 그 다음 날부터 주님의교회 주일 낮예배를 정신여고 4층 소강당에서 드리기로 했기에, 미리 대청소를 하기 위함이었다. 강남 YMCA 대강당으로는 도저히 더 이상 주일 낮예배를 드릴 수가 없어, 정신여고와 합의하에 예배 장소를 정신여고 소강당으로 옮기기로 했던 것이다. 단 저녁예배 및 새벽기도회 그리고 평일 업무를 위하여, 정신여고 대강당이 완공될 때까지 강남 YMCA 내에 있는 교육관은 그대로 두기로 했다.

연초에 당회가 주일 낮예배 장소를 3월 첫째 주부터 정신여고 소강당으로 옮기기로 결정했을 때, 적지 않은 사람들이 반대를 했다. 이미 말한 바와 같이 정신여고가 소강당으로 사용하는 곳은 본래 시청각 교실로 지어진 두 개의 대형교실이었다. 따라서 천장 높이, 교실 폭, 분위기, 시설 등이 주일예배를 드리는 예배당이 되기에는 거리가 멀었기에, 그 장소를 가 본 사람들은 반대를 할 수밖에 없었다. 그러나 다른 대안이 없었다. 겨울 동안에 또 늘어난 교인 수를 감안하면, 3월이 되어 결혼시즌이 시작될 경우 강남 YMCA로서는 예배가 아예 불가능할 형편이었던 것이다. 뿐만 아니라 어차피 대강당 완공 후 정신여고로 옮겨야 한다면, 미리 주일 낮예배를 정신여고 소강당에서 드리면서 정신여고와 일체감을 이루어 가는 과정도 필요하였다. 그래서 겨울방학 내내 정신여고 소강당이 예배당다울 수 있도록 내부 단장을 하였다. 커튼, 강단과 복도 카펫, 조명시설, 엠프시설, 냉난방시설, 유아 예배실, CCTV 등 모든 것을 새로이 설치했다. 이제 누가 보아도 예배당처럼 여겨졌다. 그래서 하루 전날인 토요일, 교인들이 한데 모여 대청소를 시작한 것이다. 마당과 복도, 창문과 의자를 쓸고 닦으면서 얼마나 많은 교인들이 얼마나 많은 땀을 흘렸는지 모른다. 주님의교회 교인에 의한 새로운 차원의 대 사회봉사가 이미 시작된 것이었다.

그 다음 날인 3월 3일, 정신여고 소강당에서의 첫 예배를 은혜

가운데 드렸다. 정신여고 음악교사인 박영주 집사님의 배려로 5층 음악 교사실을 대기실로 사용할 수 있었다. 1부 예배를 끝내고 대기실로 갔을 때, 창문을 통하여 4,000평의 운동장이, 그리고 그 오른쪽으로 대강당 부지 1,000평이 내려다보였다. 갑자기 모압 산에서 가나안 땅을 설레는 가슴으로 굽어보는 모세의 모습이 떠올랐다. 나는 그 창가에 서서 이렇게 기도드렸다.

'주님! 이 곳에서 미션 스쿨과 교회의 진정한 연합이 주님의 이름으로 이루어지게 해 주십시오. 정신여고와 주님의교회가 주님께서 요구하시는 새로운 모델의 역할에 충실할 수 있도록, 자신을 부단히 바로 세워 가게 도와 주십시오. 주님의교회가 정신여고를 섬기는 봉사자로서만 이 곳에 존재하게 해 주십시오. 이 곳이 믿음의 딸들을 키워 내는 생명의 진원지가 되게끔, 우리 모두 주님의 도구로 기꺼이 쓰임 받게 해 주십시오.'

7월에 접어들어면서 이귀영 집사님에 의한 설계가 마무리 단계에 들어갔다. 설계 전과정은 지동소 교장선생님과 정재경 장로님의 협의하에 진행되었다. 조만간에 공사를 시작할 수 있을 것처럼 여겨졌다. 그런데 전혀 예기치 않았던 일이 발생했다. 정신여고 교사들이 재설계를 요구한 것이다. 그제야 알게 된 것이지만, 그 때까지 지 교장선생님과 교사 사이에는 강당 건축에 대한 공감대가 형성되어 있지를 않았다. 주님의교회 입장에서 본다면 정신여고의 모든 요구사항을 그대로 받아들여 설계를 진행해 왔는데, 정신여고 교사들의 입장에서 보면 그들의 의사는 전혀 반영되어 있지 않았던 것이었다. 그래서 교사들은 설계 변경이 아니라, 아예 처음부터 다시 설계해 주기를 원했다. 주님의교회에 직접 요구한 것이 아니라 지 교장선생님을 통하여서였다. 만약 그 요구를 받아들인다면 이제껏 해 온 일은 모두 무효가 되는 셈이었다. 당연히 설계는 중단되었다.

주님의교회로서는 참으로 난감한 일이었다. 오랜 기간의 숙의 끝에 당회는 정신여고의 요구를 그대로 받아들이기로 하였다. 우리가 하나님의 명령에 따라 정신여고를 위해 강당을 건축하는 것이라면, 정신여고가 공식적으로 재설계를 요구해 온 이상 수용하는 것이 하나님께서 원하시는 바라 믿었기 때문이다. 9월부터 이귀영 집사님에 의하여 재설계가 시작되었다. 모든 것이 다시 시작된 것이다. 재설계를 위하여 추가된 경비는 직접 경비만 1억 7,000만 원이었다. 그것은 미션 스쿨과 교회가 그리스도 안에서 함께 걸어가기 위하여 치러야 할 수업료였기에, 전혀 의미 없는 손실만은 아니었다. 진통 없이는 하나가 될 수 없기에 말이다.

그러나 거기에는 그 이상의 의미가 있었다. 재설계를 하게 됨에 따라, 나의 임기 중에 대강당이 완공될 가능성은 완전히 사라지게 되었다. 만약 나의 임기 중에 대강당이 완공된다면 사람들은 나에게 공을 돌리려 할 것이다. 그러나 주님께서는 나의 퇴임 후에 대강당이 완공되게 하심으로써, 이 대역사의 주체는 인간이 아닌 주님이심을 분명하게 하신 것이다.

또 해가 바뀌어 1997년이 되었다. 이미 한 번의 진통을 겪었기에 재설계는 순조롭게 진행되고 있었다.

3월 3일, 정신여고 이사회와 주님의교회 건축위원회가 만나 '정신여고 강당에 관한 합의서' 문안을 최종 확정하였다. 혹 앞으로 있을지도 모르는 오해나 분란을 피하기 위함이었다. 대강당의 소유주는 정신여고이며, 주님의교회는 50년 동안 빌려 사용하는 것으로 하였다. 50년이 지나 서로 이의가 없으면 계약기간은 다시 50년 연장될 수 있도록 했다. 주중에 학교와 교회가 서로 중복되거나 부딪침이 없이 효율적으로 더불어 사용할 수 있도록 대강당을 다음과 같이 5등분하였다.

1. 공동 사용구역
2. 학교 우선 사용구역
3. 교회 우선 사용구역
4. 학교 전용 사용구역
5. 교회 전용 사용구역

어쩌면 이제껏까지의 과정에서 이 합의서 내용을 확정하는 것이 가장 어려웠다. 이 합의를 이루기 위하여 지동소 교장선생님과 정재경 장로님은 많은 숙의를 거듭해야만 했다. 그러나 세월이 흐른 뒤에도 학교와 교회가 그리스도 안에서 화평하게 동거하기 위하여는 반드시 있어야 할 합의서였다. 정신여고와 주님의교회가 이 합의서에 서명함으로써, 사실은 가장 중요한 관문을 통과한 셈이었다.

97년 4월, 총 건평 2,387평의 설계가 드디어 끝났다. 95년 10월에 설계를 시작한 지 1년 7개월 만이었다. 그리고 5월 6일 입찰이 있었다. 입찰에 참여한 업체는 현대건설, 벽산건설, 강산건설—이렇게 세 업체였다. 주님의교회 교인인 박재준 집사님의 강산건설 역시 '선공사 후분할상환'의 조건을 수용하면서 입찰에 응한 것이었다. 개봉결과는 현대건설 85억 7,200만 원, 벽산건설 80억 1,400만 원, 강산건설 66억 5,500만 원이었다. 현대건설은 가격도 가장 높았을 뿐만 아니라 '선공사 후분할상환'은 수용치 않겠다는 입장이어서 논외였다. 남은 것은 벽산과 강산이었다. 교인 중에서 건설 전문가들이 두 회사의 견적서를 면밀하게 검토한 것을 토대로 하여, 당회는 강산건설을 시공자로 결정하였다. 강산건설의 박재준 집사님은 하나님의 일에 헌신하기 위해, 교회를 위해, 출혈을 감수하면서까지 최저가격을 제시한 것이었다. 강산건설은 도급순위 108위의 중견업체이다. 공사비가 66억 5,500만 원이라면 설계비, 내부시설비 및 집기 비품비를 합하면 총 80억 원이 소요되는 대공사인 것이다. 만약 강산건설이 참여하지 않았다면 이 공사는 무려 100억 원대의 공사가 될 뻔한 것이다.

나는 그 다음 날 벽산건설의 김희근 회장님에게 전화를 걸어 강산건설에 낙찰되었음을 알리고 진심으로 감사를 표했다. 그분은 오히려 벽산건설이 최저가격으로 응하지 못했음을 미안해 하면서 나의 감사에 대해 민망스러워 했다. 내가 왜 감사하는지 이유를 알지 못하기 때문이었다. 그러나 내게는 그분에게 감사를 드려야만 할 충분한 이유가 있었다. 벽산건설이 '선공사 후분할상환'을 수용해 주었기 때문에, 우리가 '18억 원 특별헌금'을 실시하지 않고서도 시공에까지 이를 수 있었기 때문이다. 만약 그 때 벽산건설이 아니었더라면, 그래서 처음부터 교인들에게 18억 원이나 되는 금액을 헌금하게 했더라면, 모든 일이 그토록 은혜스럽게 진행되지는 않았을 것이다. 이런 의미에서 벽산건설은 강산건설이 '선공사 후분할상환'의 조건으로 66억 5,500만 원에 응찰하기까지 꼭 있어야 했던 하나님의 징검다리였던 셈이다. 그래서 나는 김희근 회장님이 이유를 알지 못할지라도, 그분에게 진심으로 감사드리지 않을 수 없었다.

97년 8월 5일 화요일 오전 10시, 드디어 정신여고 대강당 기공예배를 드렸다. 95년 7월 31일 지동소 교장선생님을 처음으로 만난 지 만 2년 1주일 만이었다. 그리고 내가 퇴임하던 98년 6월 21일 현재, 공사는 72%의 진척률을 보이고 있었다. IMF로 인한 경제여건의 악화에도 불구하고 조금도 차질 없이 계획대로 진행되고 있다. 이제 금년 11월이면 완공되어 입당하게 될 것이다. 올해는 정재경 장로님의 안식년이므로, 1월 1일부터 양동훈 장로님이 건축위원장으로 동분서주하고 있다. 성백술 장로님은 매일 현장에 출근하며 공사를 독려하고 있다. 설계도, 시공도, 감리도 모두 주님의교회 교인이 하고 있다. 그 동안 강당 건축과 관련하여 기술적인 자문에 응해 준 건설전문인들도 모두 주님의교회 교인들이다. 하나님께서는 정신여고가 긴 세월 동안 기도해 오던 강당 건축을 주님의교회를 통하여 응답하시기 위하여, 오래 전부터 필요한 사람들을 원근각처에서 주님의교회로 불러 모으셨던 것이다.

돌이켜보면 생각할수록 하나님의 섭리는 신비스럽기만 하다. 이용욱 목사님이 재미교포 소녀들을 위하여 주님의교회에 지원요청을 하지 않았다면, 주님의교회가 그 날 저녁식사를 제공치 않았다면, 식탁에서 이용욱 목사님이 강당 건축 얘기를 꺼내지 않았다면, 김도묵 장로님이 그 이야기를 듣고 '우리도 가능하다'는 말을 하지 않았더라면, 지동소 교장선생님이 아니었다면, 벽산건설이 '선공사 후분할상환'을 수용해 주지 않았더라면, 가장 중요한 2년 동안 건축위원장이었던 정재경 장로님의 인내력이 아니었다면, 강산건설이 출혈을 감수하면서까지 이 공사에 뛰어들지 않았더라면—이 가운데 단 하나만 어긋났더라도 이 일은 무산되고 말았을 것이다. 하나님께서 하나님의 방법으로 하나님의 사람들을 쓰시면서 한 치의 오차도 없이 당신의 뜻을 이루어 가고 계시는 것이다.

그 동안 주님의교회에 의한 정신여고 강당 건축이 외부로 알려지면서 여러 목사님들과 교장선생님들로부터 전화를 받았다. 인근에 있는 학교에 강당을 지어 주고 예배당으로 쓰고 싶은데, 혹은 부근 교회의 도움으로 강당을 건축하고 그 대가로 교회로 하여금 강당을 예배당으로 쓰게 해 주려는데, 어떻게 일을 진행하면 되느냐는 것이다.

상대가 목사님일 경우에는 이렇게 대답했다.

"당장 교회 공간을 확보하기 위하여 학교와 연합하여 강당을 지으시면, 학교와 교회 사이에 그리고 교인 사이에 반드시 분란이 일어날 것입니다. 서로 주인이라 생각할 것이기 때문입니다. 정말 학교 강당을 지어 주고 싶으시면, 오늘부터 교인들에게 교회는 건물이 아니라 사람이라는 것을 가르쳐 주시면서, 교인들을 교회로 세워 가 보십시오. 하나님의 뜻이 있으시면 하나님의 때에 목사님 교회를 도구 삼아 친히 그 일을 이루실 것입니다."

그리고 상대가 교장선생님일 때는 또 다음과 같은 대답을 했다.

"정말 교회의 도움으로 강당을 짓기 원하시면, 오늘부터 하나님께 기도드리기 시작하십시오. 기도에 동참하는 분들이 많을수록 좋을 것입니다. 그러면 하나님께서 언젠가는 적절한 교회와 동역자가 되게 해 주실 것입니다."

경제논리로는 도저히 설명할 수 없는, 주님의교회에 의한 정신여고 강당 건축은 그냥 저절로 된 일이 절대로 아니다. 전교생들이 함께 모여 예배드리며 신앙훈련을 행할 수 있는 대강당을 위해 20년 동안 기도해 온 정신여고이기 때문에 가능했고, 10년 동안 교회는 건물이 아니라 사람임을 깨달아 자기 예배당을 소유하려 하지 않고 자신을 먼저 에덴으로 바로 세우려 애쓰던 주님의교회이기 때문에 가능한 일이었다. 그래서 이것은 하나님의 대역사일 수밖에 없는 것이다. 우리가 그와 같은 선한 생각을 지닐 수 있도록 우리를 회복시켜 주신 분이 바로 하나님이시기 때문이다.

5

어떻게 퇴임했나?

서양 사람들의 격언에 다음과 같은 말이 있다.
"은퇴를 제대로 하려면 10년 전부터 준비하라."

은퇴란 생각만큼 쉬운 것이 아니라는 의미이다. 오랜 준비 없이는 막상 은퇴해야 할 때 은퇴할 수도 없고, 설령 은퇴한다 할지라도 준비 없는 은퇴는, 그가 속해 있는 조직에 심각한 후유증을 낳게 된다는 의미이다.

나는 처음부터 나의 임기를 10년으로 공포했다. 그러나 공포 자체가 완결을 의미하는 것은 아니었다. 임기에 의한 나의 자진 사임이 주님께서 주인이신 주님의교회 순수성을 위하여 꼭 필요하다 하더라도, 사임 그 자체에만 의미를 둘 수는 없는 일이었다. 사임하더라도 후유증 없는 사임이어야 했다. 조그마한 동요도 없이 신·구 목사의 교체가 이루어지고, 그 모든 과정은 은혜로워야만 했다. 그로 인하여 주님의교회는 더더욱 주님의교회로 든든히 세워질 수 있어야 했다.

나는 많은 사람들의 우려와는 달리, 내가 나의 임기를 정하고 스스로 사임하는 것이 주님의교회 주인 되신 주님을 위한 것인만큼, 주님께서 반드시 은혜롭게 책임져 주실 것을 믿었다. 그것을 믿는 만큼 더 철저하게 준비해야 했다. 준비는 언제나 믿음의 동반자이다. 믿음은 준비를 부르고, 준비는 믿음을 실체화시킨다. 이런 의미에서 나는 1995년 1월 1일부터 나의 퇴임을 현실 속에서 구체적으로 준비하기 시작했다. 1995년 1월 1일은 나의 퇴임을 3년 6개월 앞둔 시점이었다. 주님의교회 개척목사로서 은혜 가운데 후유증 없이 퇴임하기 위하여는, 그 정도의 준비기간은 필요하다고 판단했던 것이다.

1. 동역체제 확립

대개의 경우 목회체제는 담임목사 한 사람을 중심으로 이루어져 있다. 그래서 교회가 사람의 교회화되기도 쉽고, 또 목사의 교체는 교회의 진통과 동일시되고 있는 실정이다. 그러므로 나의 퇴임이 동요나 후유증을 초래하지 않게끔 하기 위해서는 먼저 동역체제를 확립할 필요가 있었다. 각자 임기를 정해 둔 당회에서는 이미 동역체제가 이루어져 있었으므로, 여기에서 말하는 동역의 대상이란 교역자를 뜻한다.

나의 퇴임 이후 후임 목사님이 모든 것을 파악하고 자리를 잡을 때까지는 전임 교역자 각자가 담임목사 역할을 담당할 수 있어야 하고, 그것이 가능하기 위해서는 명실공히 동역체제가 갖추어져야 만 했다. 구체적으로 말하면, 첫째 대 교인 관계에서 내가 차지하고 있던 비중을 부목사님들로 하여금 대신하게 하는 것이요, 둘째 대 교역자 관계에서는 교역자 스스로 설 수 있도록 자생력을 갖게 하는 것이었다. 이런 과정을 거치면서 담임목사와 전임 교역자의 관계가 수직적인 상하 관계에서 서로 협조하는 진정한 동역체제로 전환될 수 있고, 그것이야말로 담임 목사 교체를 동요 없이 가능케 하는 텃밭이 될 것이었다.

1995년부터 일체의 심방을 중지하였다. 교구 목사님들에게 전담시킨 것이다. 목회자와 교인 간의 개인적인 친밀도는 심방을 통하여 깊어진다. 처음에는 모든 교인들의 집을 빠짐없이 내가 심방 하였다. 새신자 심방, 대심방, 연고 심방 등—모든 심방은 나의 중요한 업무였다. 개척목사로서 당연할 수밖에 없었다. 교인들이 많아지면서 모든 심방이 불가능해지자 새신자 심방은 개별적으로 하고, 기존 교인들에 대하여는 구역별로 한 집에서 합동심방으로 대신했다. 교구 목사님들의 대심방은 별도로 진행되었다. 이처럼 어떤 형태로든 담임목사인 나의 심방이 계속되자, 각 교구 담당 전임 교역자들의 심방은 아무리 열심을 다해도 보조적인 의미 이상일 수가 없었다. 이를테면 담임목사의 심방이 마치 부목사님들의 심방보다 우월한 것처럼 잘못 인식되는 것이었다. 그래서 대부분의 교인들은 부목사님의 심방을 받고서도, 담임목사인 나의 심방을 또 받기 원하는 분위기가 쉽게 불식되지 않았다. 퇴임을 준비한다는 것은 교인들에게서 나의 흔적을 지워 가는 것인데, 그런 분위기가 가시지 않고서는 순조로운 퇴임을 기대하기 어려웠다. 그래서 퇴임을 3년 앞두고 일체의 심방을 교구 목사님들에게 일임한 것이다.

심방의 명칭과 상관없이, 심방을 내용 혹은 목적별로 나누면 크게 세 가지로 분류할 수 있다. 첫째는 의례적인 심방이다. 새로 등록한 신자에 대한 심방이나, 1년 중 봄 · 가을에 모든 교인들을 상대로 행하는 대심방 같은 것이다. 둘째는 기쁨을 나누기 위한 심방이고, 셋째는 슬픔을 당한 자를 위로하기 위한 심방이다. 목회자로 재직중인 이상 슬픔을 당한 자를 위로하는 의무를 중단할 수는 없다. 그래서 세 번째 심방을 제외한 일체의 심방을 교구 목사님들에게 맡겼다. 말처럼 쉬운 일이 아니었다. 직접 심방을 요청하는 교인들도 허다하였다. 그러나 그 요청이 첫 번째와 두 번째 목적을 위한 심방이라면 정중하게 양해를 구한 다음, 해당 교구 목사님으로 하여금 심방하게 하였다. 그리고 어떤 경우에도 교구 목사님들의 영역을 침범하지 않았다. 철저하게 자기 소신껏 자기 교구를 목회할 수 있도록 뒷받침하였다. 말하자면 교구 목사님들은 각자 자기 교구가 교회인 담임목사가 된 것이었다.

전임 교역자들이 스스로 서는 자생력을 가질 수 있도록, 단계적으로 매일 업무회의를 점차 전임 교역자들끼리 하게 하였다. 새벽기도회 후 내가 매번 주관하던 업무회의를 95년에는 주 3회, 96년에는 2회 그리고 97년부터는 주 1회로 축소하였다. 그 이외의 날에는 선임 부목사가 일일 회의를 주관하게 하였다. 그 이전까지의 회의는 주로 나의 지시로 이루어졌다. 그러나 교역자들만의 회의를 통해서는 그 날 무엇을 어떻게 할 것인지를 자신들이 직접 계획하고, 계획한 것을 먼저 실행하게 하였다. 그리고 나와 함께 회의를 하면서 그 결과의 잘잘못을 따져 보는 방식을 취하였다.

이런 과정을 밟다 보니 내가 1주일에 한 번만 회의를 주관한 1997년부터는, 교회의 거의 모든 업무와 중요행사를 모두 부목사님들이 주관하게 되었다. 어떤 큰 일도 무리 없이 해낼 수 있는 장군들이 된 것이다. 물론 실수가 없지도 않았다. 그러나 그 모든 것은 필요한 과정이었다. 그런 과정을 거치면서 주님의교회 전임 교역자들은 모두 담임목사로서의 안목과 역량을 갖추게 되었다. 명실공히 나의 동역자가 된 것이다. 내가 퇴임하더라도 교회가 불필요하게 동요치 않을 기반이 마련된 것이었다.

1995년부터 내가 퇴임을 준비하면서 나의 자리를 부목사님들로 하여금 대신하게 했다는 것은, 나는 그저 뒤에서 방관하고 있었음을 의미하지 않는다. 그분들이 그와 같은 일을 스스로 감당할 수 있는 역량을 갖도록 그분들을 훈련하는 것이 나의 몫이었다. 이미 제3장 '목회자는 자기관리자다' 에서 교역자들에게 어떤 훈련을 거치게 했는지는 상세하게 밝힌 바 있으므로 거기에 대해서는 재론치 않겠다. 그와는 별도로 다음과 같은 노력들이 있었다.

1995년 새벽기도회 후 영어성경을 함께 읽으면서, 어떻게 하면 같은 본문을 놓고 남이 깨닫지 못하는 진리의 광맥을 보고 캐낼 수 있는지를 서로 훈련하였다.

설교란 결국 표현력이요 문장력에 의해 좌우된다. 이 두 능력을 기를 수 있게끔 하나의 주제를 놓고 글짓기를 한 다음, 서로 읽어

가면서 어디가 잘못 되었는지 함께 살피게 했다. 뛰어난 영감 위에 풍부한 어휘력만 보태지면 그야말로 금상첨화일 것으로 여겨지는 자에 대해서는, 매일 신문의 논설을 손으로 쓰게 했다. 머지않아 괄목할 개선이 있었음은 물론이다. 부목사님들의 설교 후엔, 어떻게 하면 본문에 대한 해석과 적용 그리고 전달이 좀더 심도 있을 수 있겠는지에 대하여 이야기를 나누었다.

젊은 교역자에게 제일 부족한 것은 삶에 대한 경험의 결여임을 알았다. 목회의 대상은 사람들이요, 그 사람들은 세상 속에서 살고 있다. 만약 목회자가 사람들과 세상에 대해 알지 못한다면 그의 모든 목회적 노력은 공허한 메아리가 될 것이다. 그래서 교역자로 하여금 필요한 책들을 읽게 하고, 읽은 책에 대하여 독서토론회를 가졌다. 다른 사람들은 자신과 얼마나 다른 것을 얼마나 심도 있게 깨닫는지를 서로 확인케 하기 위함이었다.

이미 앞에서 언급한 바와 같이 연초 교구가 새로이 편성되면 자기 교구에 소속된 교인들의 명단을 아이들까지 포함하여 최단시일 내에 외우게 한 다음, 어느 날 갑자기 백지 위에 교인들의 명단을 작성하여 제출케 했다. 교구 교인들의 명단을 6등분하여 월요일부터 토요일까지 매일 교인들의 이름을 불러가며 그들을 위하여 기도하게 했다. 주일이 지난 월요일 아침에는 교구 명단을 펼쳐 놓고, 어제 누가 보이지 않았는지를 살펴본 다음 반드시 전화로 확인하게 하였다. 교구 목사는 교구 교인을 떠나서는 존재 이유가 있을 수 없는데, 목회자가 모든 교인에게 의도적으로 나아가려 부단히 노력하지 않을 경우 목회자는 자신이 호감을 갖는 사람만 기억할 수밖에 없고, 그것은 참된 의미의 목회일 수가 없기 때문이었다.

내가 퇴임하는 1998년 6월에 선임 부목사가 김화수 목사님일 것이기에, 특별히 전임 교역자들의 중심 역할을 잘 감당할 수 있도록 많은 이야기를 개별적으로 나누었다. 김화수 목사님의 임기 역시 내가 퇴임하는 98년 12월에 끝날 것임을 감안하여, 그 다음 해인 99년에 선임 역할을 맡게 될 안사무엘 목사님과도 지도자의 역량에 대하여 내가 알고 있는 모든 것을 전해 주었다.

이미 내가 퇴임한 지금, 꿋꿋하게 주님의교회를 지키고 있을 나의 동역자들—비록 앞으로 한 공간 속에서는 다시 동역할 수 없다 하더라도, 내 마음속에는 영원한 동역자로 남아 있을 것이다.

2. 교회학교 전임제

나는 주님의교회를 목회하기 전에 3년 동안 영락교회에서 교육전도사로 훈련받았다. 그리고 신학을 하기 전에는 섬기던 교회에서 교회학교 교사로 오랫동안 봉사했다. 그 모든 경험을 통하여 얻은 결론은 교회학교 교육은 세분화 그리고 전임화되어야 한다는 것이었다. 여기에서 전임화란 곧 전임제도를 의미한다.

교회학교는 두말 할 것도 없이 '현존하는 교회의 미래'다. 교회학교가 얼마나 튼튼하냐에 따라 그 교회의 미래가 결정되는 것이다. 교회학교가 건실하지 않고서는 그 교회의 미래가 암담할 것임은 불을 보듯 뻔할 뿐이다. 그런데 대개의 경우 교회학교는, 물론 교회마다 피치 못할 사정이 있겠지만, 일반학교만큼 학년 구분이 엄격하지 않다. 초등학교나 유치원에 다니는 어린이들에게 2-3년의 차이는 엄청난 차이다. 따라서 교회학교의 교육이 정말 미래를 위한 투자일 수 있기 위해서는, 일반학교와 똑같은 학년 구분은 불가능하다 할지라도, 적어도 세분화할 수 있는 만큼은 세분화하려는 의지를 갖는 것이 중요하다고 여기게 되었다.

또 한 가지 간과할 수 없는 것은, 거의 모든 교회학교의 목회를 신학교에 다니는 재학생들이 담당하고 있다는 사실이다. 나의 경우도 마찬가지였다. 영락교회에서 교육전도사를 시작할 때 나는 신대원 2학년이었다. 그리고 고백할 수밖에 없는 것은, 나는 아무 것도 모른 채 아이들에 대한 목회를 시작했다는 것이다. 신대원 입학한 지가 고작 1년인데 1년 동안 도대체 무엇을 얼마나 배웠겠는가? 교육전도사 첫해 1년 동안 나는 전도사다운 전도사일 수 없었고, 결국 내게 맡겨진 아이들은 내가 전도사로서 익숙해지기까지 나를 위해 존재하는 실험대상에 지나지 않았다. 그 때부터 나는 교회교육은 세분화와 더불어 전임화, 즉 신학교에 다니는 재학생에 의한 파트타임 목회가 아니라, 전임 교역자에 의한 전임 목회라야 이상적일 수 있음을 알게 되었다.

주님의교회에서 교회학교가 시작될 때, 나는 먼저 세분화부터 시도하였다. 교회 창립 6개월 후인 1989년 1월부터 교회학교가 시작되었음은 이미 밝혔다. 그 때 교회학교를 다닐 수 있는 어린이의 수가 불과 27명뿐이었음에도 불과하고, 교회학교를 영아부 · 아동부 · 중고등부로 구분하였다. 매 부서마다 10명 이내였다. 그런데도 교회학교를 삼분하여 시작한 것이다. 이것은 단순히 부서를 세

개로 나누었다는 말이 아니라, 그 세 부서를 각각 맡을 교육전도사 세 분을 모셨다는 말이다. 고작 27명의 아이에 웬 세 명의 전도사냐고 의아해하는 교인도 있었다. 27명이라면 한 전도사님이 시차를 두고 세 부서를 모두 담당할 수도 있었다. 그러나 세분화 없이는 전문화가 있을 수 없고, 전문화가 결여된 교회학교는 놀이방 이상일 수는 없었다. 세분화야말로 주님의교회 교회학교가 지향해야 할 첫 번째 목표였던 것이다.

89년 27명의 아이에 세 부서로 시작한 교회학교는 5년 후인 94년 말에 이르러서는 8개 부서, 즉 탁아부 · 영아부 · 유치부 · 유년부 · 초등부 · 소년부 · 중등부 · 고등부로 늘어났고, 이에 청년 1부와 청년 2부를 합하여 교육기관은 총 10개 부서로 세분화되었다. 바꾸어 말하면 10명의 교육전도사님들이 교육을 담당하고 있었다. 당시 평균 학생 40명당 전도사님 한 분꼴이었다. 교육의 전문화가 이루어지고 있었던 것이다. 그러나 그 10명의 전도사님들은 모두 파트타임 전도사님들이었다. 비록 세분화는 이루어져 있다 할지라도 일주일에 주일 한 번만 나오는 파트타임제로는 전문화가 심화되고 완결될 수는 없었다.

1995년부터 퇴임을 준비하면서 이제 전임화를 단계적으로 시작해야 할 때가 되었다고 생각했다. 교육부서에 전임 교역자를 둔다는 것은 파트타임에 비하여 엄청난 비용을 요구한다. 신수비 자체도 큰 차이이지만 거기에 사택과 차량 제공까지 따진다면, 일반적으로 교회들이 교육 부서에 전임 교역자를 두지 못하는 이유를 충분히 짐작할 수 있다. 경제논리로만 따진다면 불필요한 일인 것이다. 대부분의 교회들이 교회교육 전임제의 필요성을 절감하면서도 실행하지 못하는 이유가 여기에 있다. 그러나 미래를 대비하기 위해서는 눈앞의 경제논리를 뛰어넘어야만 한다. 그래서 나는 95년부터 퇴임을 준비하면서 전임제를 단계적으로 시행하기 시작했다. 내가 전임제의 물꼬를 터 두는 것이야말로, 주님의교회 미래를 위한 가장 확실한 투자일 것이기에 말이다. 전술한 바와 같이 교회학교 어린이들은 주님의교회의 '현존하는 미래' 이기 때문이다.

95년에는 정한조 목사님, 96년에는 김효숙 목사님, 97년에는 강석영 전도사님, 98년에는 김원재 전도사님이 차례로 전임 교육교역자로 청빙되었다. 이 가운데 강석영 전도사님은 본인의 희망에 따라 지금은 교구 전임 교역자로 봉사하고 있다.

교육부서의 전임제가 시행되면서 학생들에 대한 교육의 질이 달라졌을 뿐만 아니라, 교사에 대한 교육과 훈련 역시 심도 있게 실시되었다. 그뿐만이 아니다. '결혼 교실', '호스피스 교육', '상담 교실' 등 교인들을 위한 여러 교육 프로그램도 알차게 진행되고 있다.

나의 퇴임 당시 교회학교에 출석하는 어린이의 숫자는 530여 명이었다. 이 어린이들을 위하여 218명의 교사, 9명의 교역자가 봉사하고 있는데 그 가운데 3명은 전임 교역자이다. 어린이 2.4명당 교사 1명, 58.9명당 교역자 1명, 176.6명당 전임 교역자 1명꼴이다. 매우 이상적인 수치라 할 수 있다.

주님의교회는 자체 예배당을 소유하지 않기에, 교회학교가 성장하는 데에는 공간문제를 비롯한 많은 어려움이 있었다. 그러나 주님의교회 교회학교는 그 동안 추진해 오던 세분화와 전임제를 통하여 축적된 주님의교회만의 독특한 경험을 갖고 있다. 그리고 많은 헌신된 교사들이 있다. 따라서 금년 11월, 2,387평에 이르는 정신여고 대강당이 완공되어 주일에 그 큰 공간을 교회학교가 활용할 수 있게 되면, 엄청난 폭발을 일으킬 잠재력은 이미 확보된 셈이다.

3. 청년예배 독립

교회에서 청년의 가치 또한 절대적이다. 교회학교 어린이들이 교회의 미래라면, 청년들은 바로 내일이다. 청년들이야말로 장년과 어린이들을 이어 주는 교회의 허리이다. 그럼에도 불구하고 주님의교회에서 제일 미약한 부서가 있다면 청년부였다. 청년들이 없어서가 아니었다. 주일 낮예배에 참석하는 청년들은 수백 명인데, 그 한 번의 예배참석으로 끝나 버리는 것이었다. 청년들끼리만 모이는 청년부 활동에는 참여하지를 않는 것이었다. 나는 설교자로서 주일 낮예배 설교는 철저하게 장년들을 위하여 준비한다. 청년들은 염두에 두지 않는다. 그러므로 청년들이 낮예배에 한 번 참석하는 것만으로는 그들의 신앙이 바로 세워질 리가 없었다. 청년기를 선데이 크리스천으로 지남으로 인해 내 인생에서 가장 중요한 젊은 시절을 어이없이 탕진한 쓰라린 아픔을 갖고 있는 나로서는, 진심으로 청년부의 활성화를 바랐지만 해를 거듭해도 별다른 진전은 없었다.

그런데 95년도에 변화의 가능성이 보이기 시작했다. 마침 그 해에 청년 1부를 맡았던 강석영 전도사님에 의해 청년부 활동이 활성화되기 시작한 것이었다. 연초 10여 명 정도에 불과하던 청년들이 20명에서 30명씩 모여, 때로는 철야기도를 하면서까지 그들의 신앙을 불태우는 것이었다. 아직 미약하기 그지없는 실정이었지만 그러나 그것은 매우 소중한 불씨였다. 그 불씨가 꺼지지 않고 타오를 수 있도록 도와 주어야만 했다. 그래서 생각한 것이 96년부터 청년예배를 별도로 독립시키기로 한 것이다.

그 당시 청년 1, 2부를 통틀어 청년부 활동에 참여하는 청년들의 총수는 50명에도 미치지 않았다. 그 적은 숫자를 놓고 교회가 또 한 부의 예배를 드린다는 것은 무의미해 보일 수도 있었다. 뿐만 아니라 나의 입장에서 본다면, 장년 설교와는 별도로 청년들을 위한 설교를 매주 준비한다는 것은 참으로 어려운 일일 것임이 분명했다. 그럼에도 불구하고 나는 청년예배를 시작하기로 했다. 힘이 들지언정 일단 시작하면 머지않아 청년예배는 자리를 잡을 수 있고, 청년예배가 자리만 잡게 되면 후임 목사님에 의해 얼마든지 도약할 수 있으리라 믿었던 것이다.

96년 1월 첫째 주부터 4부 청년예배가 교회의 지원 속에 시작되었다. 나는 매주 청년들에게 장년 설교와는 다른 말씀을 전했다. 그간 청년들에게 들려 주고픈 말씀들이 너무나 많았기 때문이다. 매주 다른 설교를 두 편 준비한다는 것은 생각보다 훨씬 어려웠다. 그러나 그것이 주님의교회 청년들을 위하여 내가 해 줄 수 있는 가장 확실한 퇴임준비라 생각하며 모든 어려움을 극복했다. 처음에는 청년예배를 돕기 위해 적잖은 어른들도 참여했다. 그러나 청년예배가 자리를 잡아 가면서 어른들은 빠지고 청년들만 200여 명이 참여하는 예배가 되었다. 이렇게 되기까지는 청년부 임원들과 교역자들의 힘이 컸음은 물론이다.

주님의교회 청년예배에 참여하는 청년들 중에는 참으로 보석같이 빛나는 청년들이 많다. 나는 그들이 21세기 조국의 한 부분을 책임질 것을 믿는다.

4. 기록화 및 보관

'모든 역사는 사건과 통계로 엮어진다.'

이것은 평소 역사에 대한 나의 인식이다. 그래서 처음부터, 하루에 있었던 중요한 일과 그와 관련된 통계를 중심으로 매일 일지를 기록하게 하였다. 그러나 95년, 퇴임을 준비하면서부터 그것만으로는 충분할 수 없음을 알았다.

그 동안 주님의교회에는 주님의교회이기 때문에 치를 수 있었던 독특한 프로그램이나 행사의 경험이 많았다. 그러나 세월이 흐르고 사람이 바뀌게 되면, 축적되어 있던 모든 경험은 소멸되어 버리고 마는 법이다. 그래서 95년부터 모든 것을 기록으로 남기게 했다. 어떤 행사를 치렀는지, 그 행사를 위하여 무엇을 어떻게 준비했는지, 그 결과는 어떠했는지를 모두 기록하게 했다. 또 지난 기록들이나 서류, 파일 등도 모두 재분류하여 보관하게 했다. 그래서 언제 사람이 바뀌더라도, 그 기록만으로도 주님의교회에 축적되어 있는 경험을 공유할 수 있도록 했다.

97년에 접어들면서는, 늘 후임 목사님을 생각하면서 매사를 처리하였다. 주님의교회는 이미 작은 교회가 아니다. 후임 목사님이

올 때는 이미 교회의 역사도 10년을 넘겼을 때이다. 그렇다면 어느 분이 후임 목사님으로 부임하든, 모든 면에서 익숙해지기까지에는 상당한 시간을 요할 것이었다. 따라서 어떻게 하면 그분이 하루라도 빨리 모든 것을 파악할 수 있을지, 어떻게 해야 그분이 담임목사직을 소신껏 수행할 수 있겠는지, 어떻게 해야 나의 퇴임 전후에 불필요한 목회적 공백을 피할 수 있을지를 생각하면서, 매사를 처리해 나갔다.

5. 후임 목사 청빙

나의 퇴임준비에 있어서 가장 중요한 대목은 두말 할 것도 없이 후임 목사 선정 및 청빙이었다. 나는 95년이 시작되자마자 1월 첫 정기당회에 '후임 목사 청빙의 건'을 안건으로 올렸다. 나의 퇴임 이전에 후임 목사님이 결정되기 위해서는, 퇴임 3년을 앞둔 시점부터 당회원들이 준비해야 한다고 생각했던 것이다. 선임장로인 이재원 장로님이, 이재철 목사가 퇴임하려면 아직 3년 6개월이나 남아 있으니 올 1년 동안은 각자 기도로 준비하고 내년에 가서나 구체적으로 논의하자고 하여, 모두 그 안을 따르기로 하였다.

1년이 지난 96년 첫째 당회에 나는 다시 '후임 목사 청빙의 건'을 안건으로 올렸다. 그리고 아무리 늦어도 나의 퇴임 6개월 전까지는 후임 목사를 선정해 달라고 부탁했다. 내가 갑자기 사임하는 것이 아니라 처음부터 예고된 사임인만큼, 퇴임 전에 후임자가 확정되는 것이 불필요한 공백을 예방할 수 있고, 또 그것이 당회를 신뢰하는 교인들에 대한 예의라 생각했다.

애당초 나는 후임 목사 선정을 당회원들에게 일임하려 하였다. 내가 주님의교회 주인 되신 주님을 위하여 목사의 임기를 정하고 사임하는 만큼, 주님의교회 주인 되시는 주님께서는 나와는 비교도 안 될 훌륭한 후임 목사님을 반드시 보내 주실 줄로 믿었다. 그래야 주님께서 주님의교회의 주인 되심이 확실하게 증명될 것이기 때문이었다. 그래서 설교시간에도 몇 번이나 이 사실을 강조하면서, 담임 목사의 사임을 걱정하는 교인들을 안심시키곤 했다. 그러므로 당회원들이 후임 목사님을 멋지게 모셔 올 것을 기대했던 것이다.

그러나 96년 1월부터 매달 당회의 안건으로 상정하였음에도 불구하고 6월 당회에서, '후임 목사를 위한 청빙위원회를 따로 구성치 않고 당회원 전체를 청빙위원으로 한다'고 결의한 것 외에는, 그 해가 다 가도록 아무 진전이 없었다. 해가 바뀌어 97년이 되어도 사정은 마찬가지였다. 아무리 장로님들에게 일임한다 하더라도 내가 담임목사로 시무하고 있는 한, 장로님들만으로 후임 목사를 선정한다는 것은 현실적으로 쉽지 않은 일임을 알게 되었다. 그래서 당회는 내가 추천한 사람 가운데서 한 사람을 선정하기로 했다.

나는 97년 4월 당회에 다섯 분을 추천하였다. 그 다섯 분의 공통점은 첫째 다 화목한 가정을 이루고 있으며, 둘째 복음적인 신앙관을 갖고 있으며, 셋째 모두 나보다 뛰어난 지적 능력의 소유자였다. 어느 모로 보나 다 나보다 월등히 앞선 분들이었다. 내가 10년 동안 목회한 교회가 나의 퇴임 이후 더욱 든든히 세워지기 위해서는, 나의 후임자는 모든 면에서 나와는 비교가 안 될 정도로 뛰어난 분이어야 한다고 생각했다. 그런 면에서 다섯 분은 한결같이 손색이 없는 분이었다. 연령별로는 30대가 두 분, 40대가 두 분, 마지막 한 분은 50대였다. 사역별로는 한 분은 현직 담임목사, 두 분은 대학 교수, 한 분은 선교사, 그리고 또 한 분은 유학생이었다.

내가 추천한 분 중에서 일단 한 분을 만나 보기로 하고 당회가 섭외를 시작한 지 얼마 되지 않아, 우리는 영락교회를 담임하던 임영수 목사님이 영락교회를 사임한 사실을 알게 되었다. 내가 추천한 다섯 분 중 50대의 한 분이 바로 임영수 목사님이었다. 내가 영락교회에서 교육전도사로 봉사하던 마지막 해에 임영수 목사님이 담임목사로 부임했다. 임영수 목사님 밑에서 1년 동안 많은 것을 배웠다. 무엇보다 목사로서 사심 없는 그분의 삶의 모습과, 호수처럼 맑고 깊은 그분의 영성은 내게 깊은 감동을 주었다. 그래서 내가 목사안수를 받기 전, 주님의교회 첫 번째 세례식을 임 목사님을 모시고 행하였고, 또 주님의교회 첫 번째 부흥사경회 강사 역시 임 목사님이었다. 그 이후 나의 퇴임을 생각할 때마다, 나는 임영수 목사님 같은 분이 주님의교회 담임목사님으로 21세기를 맞아 준다면 얼마나 좋을까 하고 늘 생각하던 터였다. 그러므로 내가 추천한 다섯 분 가운데 그분의 성함 역시—그분의 의사와는 전혀 상관없이—당연히 들어 있었던 것이다. 그러나 내가 4월 초 당회에 다섯 분을 추천할 때, 임 목사님은 영락교회의 현직 담임목사님이었다. 한국의 가장 대표적인 교회의 현직 담임목사님을 주님의교회 같은, 상대적으로 작은 교회가 청빙하려 한다는 것은 그분에 대한 예의가 아니었기에, 당회로서는 그분에 대하여는 엄두도 내지 못했던 것이다. 그러나 영락교회를 사임한 이상 상황은 달라진 것이다. 당회에서는 임영수 목사님을 청빙하기로 뜻을 모았다. 그리고 한국을 떠나 독일에 체류중이던 임영수 목사님을 내가 가서 만나 뵙기로 하였다.

나는 독일에 체류중이던 임 목사님에게 전화를 걸었다. 그리고 7월 21일 독일로 임 목사님을 찾아뵙겠다고 말했다. 마침 그 때를 전후하여 권오승 장로님이 구라파 여행을 할 예정이어서, 독일 현지에서 권 장로님을 만나 함께 동행하기로 하였다. 서울법대 교수인 권 장로님은 독일에서 수학한 적이 있기에, 그야말로 하나님께서 예비하신 안내자인 셈이었다.

7월 21일 저녁 독일 프랑크푸르트 공항에서, 나는 스페인에서 날아 온 권오승 장로님과 합류하였다. 간단한 저녁식사 후 함께 임 목사님이 체류중인 뮌스터행 기차를 탔다. 목적지에 도착했을 때는 이미 밤 12시가 넘어 있었다. 임 목사님은 그 늦은 시각, 뮌스터 기차역에서 우리를 맞아 주었다. 그리고 임 목사님이 안내해 준 숙소에서 여장을 풀었다.

다음 날 아침 임 목사님이 아침거리를 준비하여 우리 숙소를 찾아왔다. 함께 아침 식사를 하는 도중에, 나는 임 목사님에게 주님의교회 제2기 담임목사를 맡아 달라는 당회의 공식적인 뜻을 전했다. 왜 유독 임 목사님을 모시려 하는지 이유도 설명했다. 권오승 장로님은 주님의교회가 어떤 교회인지 교인의 입장에서 상세하게 설명하였다. 그 때까지만 해도 나의 개인적인 일로 독일을 찾은 것으로 알고 있던 임 목사님으로서는, 참으로 예기치 아니한 일격을 당한 셈이었다. 임 목사님은 영락교회를 사임한 것으로 더 이상 목회에는 뜻이 없음을 분명히 밝혔다. 그것은 이미 예상한 답변이었다. 실망할 것은 전혀 없었다. 첫 번째 방문의 의의는 임 목사님을 직접 뵙고, 주님의교회가 임 목사님을 청빙하려는 뜻을 공식적으로 전하는 데 있었기 때문이다.

그 날 점심식사 후에, 권오승 장로님은 자신의 남은 일정을 위하여 먼저 뮌스터를 떠났다. 나는 그 곳에서 하루 더 체류하면서 임 목사님과 많은 이야기를 나누었다. 그리고 그 다음 날인 7월 23일 뮌스터를 떠나기 전에 임 목사님에게, 8월 말에 전화를 드릴 테니 그 때까지 충분히 생각해 보신 뒤에 가부간 답을 달라고 부탁했다.

8월 26일, 독일의 임 목사님과 통화를 했다. 임 목사님은 목회에는 뜻이 없음을 다시 분명하게 전했다. 그리고 당신은 연말까지 구라파에 체류한 다음, 귀국하여 내년 1년 동안은 여수에 있는 애양원에서 봉사할 계획임을 밝혔다. 목회보다는 삶의 현장에서의 봉사에 더 큰 비중을 두겠다는 의미였다.

나는 9월 8일, 당회의 결의를 거쳐 다시 독일로 향했다. 이번에는 김도묵 장로님이 동행하였다. 김 장로님은 임 목사님과는 학교 선후배로 잘 아는 사이였다. 첫 번째 방문과 다른 점은 이번에는 사전에 임 목사님과 약속을 하지 않고 가는 것이었다. 사전에 연락을 하면 임 목사님이 부담을 느낄 것 같아서였다. 저녁에 프랑크푸르트에 도착한 김 장로님과 나는 일단 공항 앞 호텔에 투숙하였다. 그 시간에 뮌스터행 기차를 타면 밤 12시가 넘어서야 도착한다는 사실을 지난번 여행에서 경험했기 때문이었다. 호텔방에서 임 목사님에게 전화를 걸었다. 우리의 도착 사실을 알리고, 그 다음 날 약속시간을 얻기 위함이었다. 그런데 웬일인지 목사님은 전화를 받지 않았다. 밤 12시가 넘어서까지 수도 없이 다이얼을 돌렸지만, 그러나 허사였다.

그 다음 날인 9월 9일 아침, 우리는 임 목사님이 프랑스 여행중이라는 것과, 그 날 밤 뮌스터에 도착할 것이라는 사실을 간접적으로 알게 되었다. 우리는 뮌스터행 기차를 탔다. 그리고 도착한 다음에는 숙소를 정하고 저녁식사를 한 뒤, 임 목사님의 도착사실을 확인하기 위하여 임 목사님 숙소로 계속 전화를 걸었지만 여전히 무응답이었다.

또 하루가 지난 9월 10일 아침, 여전히 여행중인 임 목사님과 극적으로 통화가 이루어졌다. 임 목사님은 그 날 저녁 5시경 뮌스터에 도착할 예정이라 했다. 그러나 그 시간에 만나서는 그 날 밤 8시 30분 프랑크프루트를 출발하는 서울행 대한항공을 탈 수 없었다. 그 비행기를 타기 위해서는 좀더 일찍 중간지점에서 만나야만 했다. 그래서 오후 2시 50분에서 3시 사이에 쾰른역 앞에 있는 쾰른 대성당 계단에서 만나기로 했다. 김 장로님과 나는 다시 쾰른행 기차를 탔다. 그리고 약속된 장소에서 임 목사님을 만났다. 약속도 없이 서울에서 구라파로 날아와, 외국을 여행중이던 임 목사님을 쾰른 대성당 앞 계단에서 만났다는 것은 기적이었다(당시는 휴대전화가 보편화되지 않았다—편집자 주). 우리는 인근 찻집으로 들어갔다. 그리고 임 목사님에게는 예정했던 단 한 마디만을 전했다. 임 목사님의 애양원 봉사가 끝날 때까지 주님의교회는 기다릴 터인즉, 그 이후에 주님의교회 담임목사님으로 와 주십사고 말이다.

그리고 9월 말에 연락을 드리기로 하고, 그 날 밤 김 장로님과 나는 서울로 되돌아왔다.

9월 24일, 임 목사님과 통화가 있었다. 대답은 지난번과 동일했다. 불가능하다는 것이었다. 그러나 실망하지 않았다. 이 시대의 가장 훌륭한 목회자를 모시기 위해 마땅히 거쳐야 할 과정으로 여겼다.

10월 9일, 정기당회로부터 위임을 받아 나는 또다시 임 목사님을 찾아뵙기로 했다. 그리고 그 날부터 전 당회원들은 후임 목사님 청빙 건이 마무리될 때까지 릴레이 금식기도를 계속하기로 했다. 그 때 임 목사님은 독일을 떠나 프랑스에 체류하고 있었다. 파리 한인교회 이극범 목사님이 안식년인지라, 얼마 동안 그 교회 강단을 지켜 주기 위함이었다. 나는 서울에서 미리 전화를 걸어 10월 20일 찾아뵐 것을 알렸다. 이번에는 나 혼자 갔다.

20일 밤, 파리 샤를르 드골 공항에서 임 목사님을 만났다. 그리고 함께 크레떼일에 있는 임 목사님의 거처로 갔다. 임 목사님은 안식년중인 이극범 목사님 아파트를 거처로 쓰고 있었다. 이미 늦은 시각이었으므로 잠시 환담을 나눈 후에 잠자리에 들었다.

21일, 아침 식사를 나눈 뒤 임 목사님과 나는 크레떼일 아파트 단지 앞 호수를 따라 산책을 시작했다. 호수를 한 바퀴 도는 데에 한 시간 이상이 소요되는 코스였다. 나는 산책 도중에 임 목사님에게 새로운 부탁을 드렸다. 나의 퇴임 후에 1년 간, 주님의교회에서 주일 설교를 해 줄 것을 부탁드린 것이다. 그렇게 부탁드리는 이유 세 가지를 밝혀 드렸다. 첫째, 임 목사님이 1년 동안 설교만 한다 할지라도, 주님의교회 교인들은 내가 10년 간 설교한 것보다 더 많은 것을 깨닫게 될 것임을 믿었기 때문이다. 둘째, 임 목사님이 1년 동안 설교를 하는 동안, 오히려 주님의교회에 대한 사명감을 느끼고 담임목사직을 수락할 수 있다고 믿었기 때문이다. 셋째, 최악의 경우에 임 목사님이 1년만 설교하는 것으로 끝난다 할지라도, 그 1년 동안 주님의교회 당회원들이 적합한 후임 목사님을 청빙할 충분한 시간적 여유를 가질 수 있다고 판단했기 때문이다. 나의 이야기를 다 들은 임 목사님은 긍정적으로 생각해 보겠다고 말했다. 세 번씩 구라파로 임 목사님을 찾아뵌 이래 내가 얻은 첫 번째 긍정적인 반응이었다. 그리고 12월 임 목사님이 귀국하기 전에 확답을 주기로 약속하였다.

파리에서 돌아온 나는 당회에 결과를 보고했다. 그리고 당회원들의 릴레이 금식기도는 계속되었다.

12월 9일 크레떼일의 임영수 목사님에게 전화를 했다. 그리고 임 목사님으로부터 1년 간 설교를 해 주겠다는 확답을 받았다. 구라파로 임 목사님을 처음 찾아간 지 5개월 만의 일이었다. 이틀 후인 11일 당회에 이 사실을 보고했고, 교인들에게는 1월 첫째 주에 공포하기로 결정했다. 이로써 나의 퇴임을 앞두고, 후임 목사 청빙에 대하여도 내가 할 수 있는 일은 모두 끝낸 셈이었다. 비록 임영수 목사님의 청빙이 확정되지는 못했지만, 그러나 가장 훌륭한 목회자인 임영수 목사님을 담임목사님으로 청빙할 수 있는 1년 간의 확실한 기간을 주님의교회에 남겨 주고 떠나게 되었기 때문이다.

그 이후 애양원 봉사를 위하여 귀국한 임 목사님을 12월 30일 서울에서 뵈었을 때, 임 목사님은 주일 낮예배 뿐만 아니라 수요예배 설교까지도 담당할 것을 이미 결심하고 있었다.

임영수 목사님은 내가 퇴임한 그 다음 주인 6월 넷째 주(28일)부터, 주님의교회 주일 낮예배와 수요예배 강단을 지키고 계신다. 나는 임영수 목사님이 주님의교회에서 1년 간 설교만 하고 주님의교회를 떠나리란 생각을 단 한 번도 해 본 적이 없다.

6. 퇴임 후 거취 결정

나는 퇴임 후에도 목회를 하리란 생각을 평소에 해 본 적이 없다. 아니, 그것은 나의 희망사항이었다. 지나간 세월 동안 내 뜻대로 내 인생이 펼쳐진 적이 없었기 때문이다. 그러나 한 가지 분명하게 확신하는 바는 있었다. 하나님께서 서울에서는 결코 목회하게 하시지 않을 것이란 사실이었다. 만약 내가 주님의교회를 퇴임한 뒤에도 서울 어디에선가 목회를 계속한다면, 주님의교회에 다니던 교인 중에 그 곳을 찾는 사람들이 적지 않을 것인즉, 그렇게 된다면 내가 주님의교회 개척목사로서 사임한 의미가 없어지고 마는 것이다. 그러므로 주님의교회 주인 되신 주님께서 나에게 그와 같이 의미 없는 일을 시키시지는 않을 것임을 늘 확신하고 있었다.

그리고 한 걸음 더 나아가, 서울 아닌 곳에서도 더 이상 목회는 하지 않게 되기를 바라고 있었다. 사람을 살리는 목회보다 더 보람된 일은 없지만, 그러나 목회가 쉬운 일이 아님을 익히 경험하고 있었기 때문이다. 그저 나의 바람은 읽고 싶은 책을 마음껏 읽으면서 저술활동을 하는 것이었다. 그리고 이따금 나를 필요로 하는 곳을 찾아가 집회하며 살아갈 수 있다면 더없이 족하리란 생각을 갖고 있었다. 단지 퇴임한 후, 당분간은 내가 한국에 없는 것이 주님의교회와 후임 목사님에게 덕이 되리란 생각은 지니고 있었다. 그러나 그것이 해외에서의 목회를 의미하는 것은 전혀 아니었다. 그래서 나의 퇴임 사실이 외부로 알려지면서, 국내외 여러 곳으로부터 퇴임 후 와 달라는 청빙을 받았지만 모두 주저하지 않고 사양할 수 있었다.

97년 봄부터 몇몇 장로님들이 내게 퇴임 후에 유학할 것을 권하였다. 나는 그 때마다 사양하였다. 목사는 평생 공부를 천직으로 삼아야 하는 자이기에, 늦은 나이에 새삼스럽게 학생의 신분으로 되돌아가 공부한다는 것은 결국 학위를 목표로 삼는 것을 뜻하는데, 목사에게 학위란 별다른 의미가 없다고 생각했던 것이다. 그런데 다른 장로님들로부터도 같은 권유를 받게 되면서, 학생의 신분으로 공부를 다시 시작하는 것도 하나님 앞에서의 겸손이요 순종일 수 있겠다는 생각으로 유학을 결심하게 되었다. 나의 퇴임 이후에는 주님의교회를 위하여 한동안 한국을 떠나 있는 것이 나으리라는 평소의 생각도 물론 한몫을 하였다. 그리고 당회는 나의 퇴임 후 학비보조를 공식적으로 결의하였다.

그 이후 나는 유학지를 어디로 할 것인가를 놓고 많은 생각을 하게 되었다. 다시 말해 영어권이 나은지, 아니면 학부시절 나의 전공이기도 한 불어권이 나은지 저울질해 보게 되었다. 마침 그 때가 임영수 목사님을 청빙하기 위하여 구라파로 찾아가곤 할 때였는지라, 이에 대한 임 목사님의 의견을 들어 보기도 했다.

그런데 11월에 접어들어 갑자기 몰아 닥친 외환위기로 인하여 온 나라의 경제가 곤두박질치면서, 환율이 거의 두 배로 폭등하는 사태가 일어났다. 사람들은 이를 가리켜 6 · 25 이후의 최대국난이라 불렀다. 이로 인하여 많은 국민들이 하루아침에 경제적 곤경을 당하게 되었다. 그 모든 상황을 목격하면서, 그 같은 경제난국의 와중에서 교회에 재정적 부담을 주면서까지 한가로이 유학을 한다는 것은 옳지 않다는 판단을 하게 되었다. 그래서 98년 1월 6일, 정기당회에서 해외유학을 포기하였음을 밝혔다.

바로 그 다음 날인 1월 7일, 나는 스위스 베른 한인교회 김도현 목사님으로부터 한 통의 팩스를 받았다—실제로는 그 전날 밤에 도착해 있었다. 내용은 스위스 제네바에, 어린이와 유학생을 포함하여 60-70명이 출석하는 한인교회가 있는데, 와서 그 교회를 맡아 달라는 것이었다. 그 이후에 온 팩스 내용을 다 종합하여 결론적으로 말하면, 제네바 한인교회는 미약하여 목회자에게 지불하는 통상 신수비의 60%밖에 지급할 수 없는 형편이니, 가능하다면 혼자 와서 목회를 해 줄 수 있으면 좋겠다는 내용이었다. 그 팩스를 처음 받았을 때의 느낌은, 내용은 간곡하지만 그러나 내가 할 일은 아니라는 것이었다.

내가 일면식도 없는 스위스 베른 한인교회 김도현 선교사님으로부터 그 같은 팩스를 받게 된 동기는 이랬다. 임영수 목사님을 만나기 위하여 처음 구라파로 갔을 때, 임 목사님이 내게 이런 문의를 했다. 스위스 제네바 한인교회에 선교사로 나가려는 목사님이 있는데, 그 목사님이 파송될 수 있도록 혹 주님의교회가 제네바 한인교회를 지원해 줄 수 있겠느냐는 것이었다. 나는 불가능한 일이 아니니, 당회에서 공식적으로 결의할 수 있도록 해당 교회로 하여금 주님의교회로 공문을 보내게 해 달라고 말했다. 그와 관련된 공문이 스위스 개혁교회연맹과 대한 예수교 장로회(통합) 총회를 거쳐 우리 교회에 당도한 것이 98년 1월 3일이었다. 그리고 그 공문이 1월 정기당회 안건으로 오른 것이 1월 6일이었다. 내가 해외유학 포기를 밝히던 날이었다. 그런데 그 공문이 요청한 금액은 매달 400만 원이나 되었다. 당회에서는 정신여고 강당 건축에 총력을 집중해야 하기에, 요청해 온 금액 중에서 매달 100만 원씩을 후원하기로 결정하였다. 그리고 당회가 끝난 뒤, 나는 그 공문의 최초 발송자인 스위스 베른 한인교회 김도현 선교사님에게 결과를 전화로 알려 드렸다. 김 선교사님은 나의 통보를 받은 바로 그 날, 오히려 내게 제네바 한인교회 목회자로 와 달라는 팩스를 보냈던 것이다.

제네바 한인교회의 문제를 놓고 베른 한인교회 김 선교사님이 팩스를 보낸 것은, 목회자가 없는 제네바 한인교회를, 제네바에서 기차로 2시간 거리에 있는 베른 한인교회 김 선교사님이 근 5년이나 함께 돌보고 있었기 때문이다. 말하자면 매주일 두 교회를 오가며 설교했던 것이다. 그리고 내게 제네바 한인교회로 와 달라고 요청한 것은, 첫째 스위스 개혁교회연맹에서 김 선교사님에게 3월 1일부터 베른에서의 목회에 전념할 것을 요구했기 때문이요, 둘째는 제네바 한인교회에 오겠다는 지원자가 없었기 때문이다.

스위스는 여행하기에는 더없이 아름다운 나라이지만, 그러나 외국인이 살기에는 대단히 어려운 나라이다. 물가, 집세, 세금, 보험

료 등이 모두 세계에서 제일 비싼 나라이다. 이처럼 고물가 사회이다 보니 스위스에 살고 있는 한국인들은 유학생을 제외하면, 거의 정부 파견 공관원이나 상사 주재원들이라고 한다. 그들은 몇 년마다 임기에 의해 교체되기 때문에, 그 곳에 있는 한인교회는 뿌리를 내리기가 어려워 미약할 수밖에 없다는 것이다. 그래서 스위스라는 아름다운 나라 이름과는 달리 선뜻 지원하는 목회자가 없었던 것이다. 김 선교사님이 임영수 목사님의 소개로 우리 교회에 지원요청 공문을 보낼 당시 제네바 한인교회로 가겠노라 약속했던 목사님도, 그 이후에 웬일인지 약속을 철회해 버리고 말았다는 것이다. 그래서 다급해진 김 선교사님이 내게 와 줄 것을 요청한 것이다. 임영수 목사님으로부터 내가 유학할 계획을 갖고 있다는 말을 들은 김 선교사님은, 유학을 결심한 사람이라면 고생이 되더라도 혼자 와서 목회를 하면서 공부도 할 수 있으리라 생각했던 것이다. 그 때 나는 이미 유학계획을 철회하였음을 그분은 몰랐던 것이다. 그리고 그분은 내가 그 곳 목회자로 갈 경우에도, 주님의교회가 제네바 한인교회를 매달 200만 원씩 지원해 주기를 원했다. 그래야 제네바 한인교회가 스위스 개혁교회연맹의 보조금을 합쳐 그나마 내게 60%의 신수비라도 지급할 수 있다고 했다. 그만큼 딱한 사정이었다.

나는 김 선교사님께 그 곳에 갈 의사가 전혀 없음을 알렸다. 그 교회가 미약하다거나, 가족을 두고 혼자 가야 한다거나, 신수비를 60%밖에 받지 못한다거나 하는 것은 전혀 문제가 아니었다. 앞에서도 밝힌 바와 같이 단지 목회에는 더 이상 뜻이 없었기 때문이다. 깊이 생각해 볼 필요도 없었다.

내가 김 선교사님의 팩스를 받은 것도 1월 7일이었고, 거절 전화를 한 것도 1월 7일이었다. 그런데 바로 그 날 오후에 당시 애양원에서 봉사하고 있던 임영수 목사님으로부터 전화가 왔다. 가능하면 스위스로 가서 꼭 좀 제네바 한인교회를 도와 주라는 것이었다. 그것이 결국엔 내게도 큰 유익이 될 것이라 권유하면서 말이다. 임 목사님의 청을 받자 입장이 난처해졌다. 임 목사님은 나의 부탁을 받아들여 당신의 뜻을 꺾고 주님의교회 강단을 지켜 주기로 한 터에, 내가 임 목사님의 청을 박절하게 거절하기는 어려웠다. 나는 어쩔 수 없이 제네바 한인교회에 대하여 숙고해 보아야만 했다. 그러나 생각은 오래 가지 않았다. 불과 엿새 만에 나는 그 곳에 가겠노라고 김 선교사님에게 통보했다. 그 엿새 동안에 내 인생 앞길이 결정된 것이다. 내가 그처럼 쉽게 결정할 수 있었던 이유는 간단했다. 제네바 한인교회를 놓고 기도하는 중에 하나님께서는, 내가 나이 들어 신학교 다닐 때 기도탑에서 드리던 기도내용을 기억나게 해 주셨다. 나는 그 때 기도탑에서 목회와 관련하여 늘 두 가지 내용의 기도를 드리곤 했다.

첫째는, 만약 내게 목회의 기회가 주어진다면 상처받고 소외된 사람들을 위하여 목회하게 해 달라는 기도였다. 그것은 바로 서원기도였다. 이미 언급한 바와 같이 나의 퇴임이 가까워지면서, 국내외의 여러 교회들이 나를 청빙하려 하였다. 그 교회들은 모두 목회자들이 가기를 자원하는 교회들이었다. 그렇기에 나는 조금도 신앙양심에 거리낌없이 거절할 수 있었다. 그러나 지금 제네바 한인교회에는 가겠다는 지원자가 아무도 없다. 아무런 대책도 없다. 그렇다면 그 교회야말로 소외당한 교회일 수밖에 없다. 김도현 선교사님은 소외된 그 곳 교회를 도와 달라고 안타까이 나에게 도움을 요청하고 있다. 적어도 지금 현재로서는 내가 아니면 갈 사람이 없다. 그런데도 내가 서울에 앉아 한가하게 책이나 읽고 쓰고 있다면, 그것은 예전에 소외된 사람들을 위하여 목회하게 해 달라고 기도했던 사람으로서, 하나님에 대한 직무유기일 수밖에 없었다.

두 번째 기도의 내용은, 40대에는 민족을 위하여 봉사하고, 50대에는 가능하다면 인류를 위해 봉사케 해 달라는 것이었다. 주님의교회를 개척할 때 나의 나이는 40세였고, 주님의교회를 퇴임하는 올해의 나는 우리 나이로 50세다. 김도현 선교사님의 전문에는, 제네바 한인교회에 부임할 목회자가 할 수 있는 일로서 한인교회 목회 이외에 몇 가지를 더 명기하고 있었다. 이를테면 '프랑스어권 스위스 지역에 흩어져 살고 있는 국제결혼한 한국여성들과 한국계 입양인들을 섬기는 것', '프랑스어권 스위스 지역 국가교회에 한국 교회의 신앙을 전하는 것', '제네바주 교회와 한국 교회와의 교류증진' 등이었다. 지금 나의 나이 50세임을 감안할 때, 이것이야말로 옛날 나의 기도를 받으신 주님께서 인류를 위하여 봉사할 수 있도록 허락하신 작은 터전임이 틀림없었다.

이 두 가지 사실을 하나님 앞에서 깨달았을 때에, 그 무엇도 스위스행을 가로막을 수는 없었다.

퇴임 후 내가 혼자 제네바 한인교회로 가는 것과 관련하여, 적지 않은 사람들이 주님의교회 당회원들을 오해하기에 이 지면을 빌어 해명하고자 한다. 오해의 내용은, 왜 주님의교회 당회는 이재철 목사가 가족과 함께 스위스에 갈 수 있도록 해 주지 않느냐는 것이다. 쉽게 말해 제네바 한인교회가 신수비의 60%밖에 지불하지 못하기에 이 목사가 혼자 가는 것이라면, 왜 주님의교회가 나머지 40%를 부담해서 가족들을 함께 보내지 않느냐는 것이 오해 요지다.

그것은 그야말로 오해이다. 주님의교회 당회는 내가 가족들과 함께 가기를 진심으로 원했다. 그러나 내가 사양했다. 제네바 한인교회가 나 한 사람밖에 부를 수 없는 형편이라면, 그 형편에 나를 맞추는 것이 덕이 된다고 믿기 때문이다. 내가 총회파송 선교사라는 공식 명칭으로 그 곳에 가는 한, 선교지의 형편에 나를 맞추는 것으로부터 참된 선교는 시작된다고 믿는 것이다.

제네바는 개혁자 깔뱅(Calvin)이 장로교회를 창시한 곳이다. 나는 그 곳에서 제네바 한인교회를 섬기면서 많은 것을 보고 배울 수 있으리라 확신하고 있다. 하나님께서 나의 퇴임 이후를 위하여 이미 예비해 두셨던 임지를 내가 찾아갈 수 있도록 하나님의 충실한 도구 되어 주었던 임영수 목사님과 김도현 선교사님, 그리고 부족한 사람을 불러 준 제네바 한인교회 교우님들께 진심으로 감사를 드린다.

7. 퇴임 직전

퇴임을 8주 앞둔 98년 5월 1일이 되었다. 퇴임을 위한 웬만한 준비는 거의 끝났다. 그래서 이 날부터는, 그 동안 드러나지 않는 곳에서 보이지 않게 봉사한 분들을 차례로 만나 인사드리는 일을 시작했다. 주님의교회에는 숨은 곳에서 봉사하는 분들이 아주 많다. 눈에 보이지 않기 때문에, 사람들은 그분들이 어디에서 무슨 봉사를 하는지도 알지 못한다. 그럼에도 불구하고 수년씩 같은 일을 소리 없이 반복함으로 주님의교회의 밑거름이 되고 있는 분들은 참으로 많다. 그런 분들을 차례로 만나 위로와 감사를 표했다.

5월 28일, 마지막으로 강원도 횡성에 있는 주님의교회 수련원을 김소일 장로님과 함께 둘러보았다. 폐교된 분교를 횡성군 교육청으로부터 임대 받아 수련원으로 사용하기 시작한 것은 1995년이었다. 그 이후 해마다 교회학교 수련회, 교구별 수련회, 성경통독 수련회 등이 모두 횡성 수련원에서 이루어지고 있다. 건물 3동에 교실이 4개인 수련원의 대지는 4,600평, 운동장은 1,000평에 이른다. 그 아름다운 수련원을 전용으로 사용하기 위해 지불하는 임대료는 연 1,000만 원이다. 주님의교회는 1평의 땅도 소유하고 있지 않지만, 그러나 하나님께서는 하나님의 방법으로 수련원까지 허락하셨다.

나는 수련원을 관리하고 있는 엄일용 집사님 부부에게 작별인사를 한 뒤에, 그 수련원에서 늘 생명의 역사가 일어나기를 하나님께 기도드리고 돌아왔다.

5월 28일, 장로님들과 함께 저녁식사를 했다. 본래는 퇴임하기 전, 장로님 안수 집사님 권사님들 댁을 일일이 찾아뵙고 퇴임인사를 드릴 생각이었다. 그러나 시간도 시간이려니와, 본의 아니게 부담을 드릴 수도 있겠다는 생각에서 실행에 옮기지를 않았다. 그런데 마침 장로회에서 함께 식사를 하자고 해서, 장로님들께 공식적으로 퇴임인사를 드리는 기회로 삼을 수 있었다. 지난 10년 동안 늘 형님처럼 나를 사랑해 주고 감싸 주었던 장로님들의 성함은 다음과 같다.

은퇴 장로 이재원
협동 장로 이수웅 이병식 권헌일 이강헌 강신후 김우림 조동인 하재구
시무 장로 김도묵 홍근용 정규창 정재경 양동훈 계학용 임동진 김소일 성백술 김경신 한윤경 권오승 문창복

6월 2일, 여선교회 연합모임이 있었다. 초기에 아내가 '주부찬양학교'를 인도했던 적이 있었다. 그런데 이 날 여선교회에서는 아내에게 마지막 '찬양학교' 인도를 부탁했다. 서로 작별의 아쉬움을 나누기 위함이었다.

6월 8일, 안수 집사님들과 저녁식사를 하며 퇴임인사를 드렸다. 각자 맡은 직임을 위하여 언제나 최선을 다하는 분들이다. 어느 분 치고 귀하지 아니한 분이 없다. 나의 소중한 동역자였던 안수 집사님들의 명단은 다음과 같다.

안수 집사 황기언 이성우 하승락 이충길 박시만 한정웅 이정순 박양기 김현덕 이지화 김재현 김성배 김경빈 정양재 윤좌원 류달현 최창섭 김성구 유중화 최상인 오세윤

전세표

6월 9일, 새벽기도회 후 마지막 당회를 주재하였다. 회무 처리가 끝난 뒤 다음과 같이 몇 가지를 당부하였다.

첫째, 이웃 교회인 남포교회(담임: 박영선 목사)와 그 동안 '당회교류', '청년교류', '방문설교', '성경통독 수련회 공동참여' 등 서로 좋은 관계를 맺어 온 만큼, 교회연합 차원에서 더 적극적인 교류가 이루어지면 좋겠다.

둘째, 주님께서 우리에게 태평양을 중심으로 여러 나라에 형제교회를 주셨으니, 앞으로 명실공히 '환태평양 선교'가 이루어질 수 있도록 형제 교회와의 유대를 계속 강화시켜 나가면 좋겠다.

셋째, 행정적으로 담임목사가 오래도록 공석이어서는 대외적으로 많은 문제가 있을 수 있으니, 임영수 목사님과 잘 협의해서 담임목사 취임이 조속히 이루어지면 좋겠다.

이 당부를 끝으로 나는 자리에서 먼저 일어섰다. 이로써, 주님의 교회 당회 의장으로서의 행정적인 임무는 모두 끝난 것이다. 나는 앞으로 장로님들이 맡은 바 사명을 더 훌륭하게 수행할 것을 믿는다. 장로님들은 모두 나에게 최고의 동역자들이었다. 나의 오늘이 있게끔 밤낮으로 도와 준 은인들이다.

6월 11일, 퇴임 열흘 전, 마지막 월례기도회를 인도했다. 단 한 석의 빈 자리도 없을 정도로 많은 교인들이 운집했다. 일산에 살고 있는 노부부의 모습도 보였다. 나는 알고 있다. 교인들은 조금이라도 더 따뜻하게 나를 보내 주려 하고 있다는 사실을 말이다.

나는 '침묵의 기도'가 왜 중요한지를 전하고, 함께 침묵의 기도를 드리는 것으로 마지막 월례기도회를 마감했다.

6월 12일, 새벽기도회가 끝난 후 교역자들과 마지막 독서토론을 했다. 주제는 '우리의 문화에 대해 어떤 입장을 가질 것인가?'였다. 다음 금요일 아침에는 〈크루서블〉(Crucible)이란 영화에 대한 토론회를 가지기로 했다.

6월 14일, 마지막으로 주일 저녁 찬양예배에 참석했다. 나는 다음 주일 낮예배 설교를 끝으로 퇴임할 예정이었기에, 이 날 예배가 마지막 찬양예배가 된 것이다. 비가 오나 눈이 오나 찬양예배를 위해 헌신해 온 '할렐루야 찬양팀'과 '오케스트라' 팀이 오늘따라 더욱 자랑스러워 보인다.

그 날 예배는 '1교구 주관 가족찬양예배'였다. 강석영 전도사님의 설교가 끝난 다음 찬양을 드리던 1교구 식구들이 갑자기 우리 가족을 위한 환송의 노래를 불렀다. 준비한 꽃다발도 주었다. 나중에 안 일이지만 1교구 식구들은 그 날 저녁을 위해 오래 전부터 준비했단다. 그분들의 그 따뜻한 마음을 가슴에 가득 안고 집으로 돌아왔다.

6월 16일 권사님들과 함께 점심을 나누면서 퇴임인사를 드렸다. 그분들의 기도와 헌신이 없었던들 어찌 오늘의 주님의교회가 있을 수 있을까? 다음은, 언제나 내게 자상한 누님이었던 권사님들의 명단이다.

은퇴 권사 소호용

협동 권사 이금선 김지자 전은숙 이성민 이창성 장혜자 안정복
임성찬 김기숙 김형기

시무 권사 김영숙 장남순 정연희 이정원 이영자 김미자 박두리
김영희 남옥련 강정혜 박영숙 오병희 노봉옥 김양자
김갑수 이성연 김화진 송경녀 임선자 이동순 윤웅자
이혜자 이승애 양한민 변아경 김은정 김원경 김경희
김영아 권미희 장순현

6월 17일, 마지막 수요예배 설교를 했다. 오늘 역시 많은 사람들이 운집했다. 그 의미가 무엇인지 나는 알고 있다. 나는 그분들의 눈빛 속에서 사랑의 작별소리를 들으면서, 시편 139편으로 10년 간의 수요예배를 마감했다.

6월 18일, 퇴임 3일 전이다. 나는 교회 사무실의 마지막 사물(私物)을 정리하여 집으로 보냈다.

저녁 6시엔 주님의교회 목사 신분으로서는 마지막으로 결혼예배를 집례했다. 홍민기 군과 신지영 양의 결혼식이었다.

6월 19일 금요일, 퇴임 이틀 전이다. 새벽기도회 후 마지막으로 구역장 성경공부를 인도했다. 이제 다음 주일부터는 부목사님들이 인도하게 될 것이다.

구역장 성경공부 인도 후에 마지막으로 교역자 회의를 주관했다. 교역자들과는 평소에 많은 이야기를 나누었으므로 새삼스럽게 할

말이 없었다. 간단하게 끝마친 다음 이미 예정되어 있던, 영화 〈크루서블〉에 대하여 각자 느낀 점을 발표했다. 그 영화의 주제는, 교역자가 바른 마음을 품지 않을 때에 얼마나 많은 사람들이 피해를 입는가 하는 것이었다. 바로 그것이 마지막 교역자 회의에서 내가 사랑하는 교역자들에게 주고 싶었던 최후의 메시지였다.

교역자들과 함께 아침 식사를 나눈 후에, 그 동안 내가 사용하던 교회차량을 교회 이충길 사무장에게 반납하였다.

11시경에 아내가 나를 데리러 왔다. 내일은 토요일, 설교준비를 위해 사무실에 나오지 않는다. 주일예배는 정신여고에서 드린다. 그러므로 오늘이 강남 YMCA 소재 교회 사무실에 출근하는 사실상 마지막 날이다. 나는 아내와 함께 YMCA 관장 및 직원들, 1층 상가, 경비실 그리고 인근 수퍼와 식당을 찾아다니며 그 동안 알고 지내던 분들에게 작별인사를 드렸다. 이로써 정들었던 강남 YMCA는 이제, 나의 과거의 한 부분이 되었다.

저녁에는 전교역자들이 부부 동반으로 우리 집에 모여 마지막 만찬을 가졌다. 전임 교역자는 물론이요 교회학교 전도사님들도 다 참석했다. 특별히 뉴질랜드 오클랜드 주님의교회 이동규 목사님, 미국 남가주 주님의교회 변용진 목사님도 참여하여 더욱 의미 깊었다. 코스타리카 시온 한인교회 금상호 목사님은 내일 아침 귀국 예정이어서 참여하지 못했다. 만남은 아름답고 헤어짐은 귀하다. 나와 헤어짐으로 인하여 이들은 모두 일당백의 장군들이 되리라. 나의 퇴임 당시 나와 함께 동역했던 분들의 명단은 다음과 같다.

교회학교 이영란 김인혜 최유진 임장원 김진성 손요한

교육전임 김원재 김효숙 정한조
교구전임 강석영 김성식 신철범 강정호 안사무엘 김화수

만찬을 끝내고 돌아가는 교역자들을 배웅하는 것으로, 주님의교회에서의 10년 사역은 이제 막을 내리고 있다. 남은 것은 내일 모레 퇴임하는 것뿐이다.

8. 퇴임

6월 21일 주일, 퇴임하는 날이다. 7시 10분경에 정신여고에 도착한 나는 아침 일찍부터 차량안내 봉사를 하고 있는 집사님들과 악수를 나누며 퇴임인사를 드렸다. 주보를 나누어 주고 있는 집사님에게도 미리 인사를 드렸다. 나중에 인사드릴 기회를 놓쳐 버릴지도 모를 일이었기 때문이다. 새벽부터 나와 연습하고 있는 1부 성가대원들에게도 퇴임인사를 드렸다.

7시 29분, 1부 예배를 드리기 위하여 예배당 입구에 섰다. 오르간 주자 정경희 집사님의 입례송 전주가 시작되는 순간, 갑자기 뜨거운 눈물이 눈앞을 가리는 것이었다. 진정하려고 했지만 소용없었다. 그렇게 시작된 눈물은 입장하여 사도신경을 고백하고 찬송을 드린 다음, 자리에 앉아서까지도 계속되었다. 오늘이란 날은 그냥 온 것이 아니다. 10년 동안 퇴임을 기다리고 준비한 끝에 맞이한 날이다. 그렇기에 나는 이처럼 눈물이 쏟아지리라고는 상상치도 못했다. 도무지 주체를 할 수 없을 지경이었다. 금세 손수건이 흥건히 젖어 들었다. 만약 그런 상황이 계속된다면 도저히 설교를 할 수 없을 것 같았다. 나는 어금니를 깨물면서 주님의 도우심을 간구할 수밖에 없었다. 주님께서는 내 마음을 어루만져 주시면서 곧 평상심을 회복시켜 주셨다. 그 회복의 은혜를 힘입어 4부 예배까지 유종의 미를 거둘 수 있었다.

2부 예배 시작 직전, 나는 아내와 네 아들들과 함께 교회학교 모든 부서를 찾아 학생들과 교사들에게 인사를 드렸다. 그리고 예배가 끝날 때마다 가족과 함께 예배당 입구에서 교인들에게 인사를 드렸다. 오늘을 끝으로 나의 가족도 주님의교회를 떠나기 때문이다. 내가 떠난 뒤에도 가족들이 주님의교회를 계속 다닌다면, 주님의교회에서 지워져야 할 나의 흔적이 지워질 수 없기에 가족들도 교회를 떠나기로 한 것이다.

3부 예배시간에는 임직식이 있었다—문창복 장로장립, 오세윤·전세표 집사안수, 장순현 권사취임을 위한 임직식이었다. 만약 후임 목사님이 확정되었더라면 이 임직식은 그분이 집례해야 마땅할 일이었다. 그러나 임영수 목사님이 아직 담임목사님으로 부임하는 것이 아니어서, 창립 10주년 기념 임직식을 내가 집례하게 된 것이었다.

창립 10주년을 맞아 주님의교회를 퇴임하면서 나는 다음과 같이 고별설교를 하였다.

부족할 줄 아노라

(요한복음 21장 25절)

92년 4월 넷째 주일 이래, 지난 6년 2개월 동안 함께 은혜를 나누었던 요한복음 마지막 장 마지막 절은 이렇게 끝나고 있습니다.

> 예수의 행하신 일이 이외에도 많으니 만일 낱낱이 기록된다면 이 세상이라도 이 기록된 책을 두기에 부족할 줄 아노라.

이것은 요한복음의 마지막 절인 동시에 4복음서를 종결하는 최종 구절이기도 합니다. 만약 이 마지막 구절이 없었다면, 우리의 신앙은 필경 4복음서의 틀 안에 갇혀 기형화되고 말았을 것입니다. 그러나 이 마지막 구절로 4복음서가 끝남으로 인하여, 우리는 4복음서를 토대로 하여 성경 전체를 통해 계시되신 삼위일체 하나님으로서의 예수 그리스도와 바른 만남, 바른 사귐, 바른 섬김을 가질 수 있습니다.

생각해 보십시오. 인간의 모습으로 이 땅에 오셨던 임마누엘 하나님 되신 예수 그리스도께서, 온 인류를 위해 시공을 초월하여 이 땅 위에서 행하신 일이 어찌 고작 4복음서에 기록된 것뿐이겠습니까? 비천한 갈릴리의 어부에 불과했던 요한 사도 한 사람에게 베풀어 주신 은혜에 대해서만도, 요한은 요한복음보다 훨씬 더 긴 책을 쓸 수 있었을 것입니다. 어디 그뿐입니까? 지난 2,000년 동안 이 땅을 거쳐간 수없이 많은 그리스도인들 개개인에게 주님께서는 요한 사도에게와 똑같은 은혜를 베풀어 주셨습니다. 그 한 사람 한 사람들의 삶이 다 한결같이 책 한 권 분량 이상의 은혜로 가능할 수 있었음을 감안한다면, 시간과 공간을 초월하여 요한 사도가 이렇게 말하는 것은 너무나 당연할 수밖에 없습니다.

예수의 행하신 일이 이 외에도 많으니 만일 낱낱이 기록된다면 이 세상이라도 이 기록된 책을 두기에 부족할 줄 아노라.

예수님께서 우리 각자에게 행하신 행적과 베푸신 은혜를 모두 기록할 경우 이 세상이라 할지라도 그 모든 책을 수용하기에는 부족할 것이라는 이 말씀을 다르게 표현한다면, 우리를 향하신 주님의 은혜는 너무나 크고 엄청나서 주님 안에 거하는 한 우리에게 부족함이 있을 수 없다는 의미가 될 것입니다. 다윗이 무엇이라 노래했습니까?

여호와는 나의 목자시니 내가 부족함이 없으리로다(시 23:1).

천지를 창조하신 하나님을 목자로 삼은 자에게 무슨 부족함이 있을 수 있겠습니까? 이런 의미에서 주님의 은혜를 모두 기록한다면 세상이 부족할 것이라는 요한의 고백과, "내가 부족함이 없으리로다"라는 다윗의 노래는 같은 의미의 다른 표현일 뿐임을 알게 됩니다.

그러나 만약 요한 사도의 이 고백으로 모든 것이 끝나 버렸다면, 오늘 아침 우리가 이 구절에 관심을 가질 이유가 없을 것입니다. 우리가 창립 10주년을 맞이하는 오늘 요한복음의 이 마지막 구절에 유의하지 않을 수 없는 것은, 바로 이 구절과 엇물려 사도행전의 막이 오르고 있기 때문입니다. 다시 말하면 이 마지막 구절을 교량으로 하여 4복음서와 사도행전이 연결되고 있다는 것입니다. 이것이 무슨 의미이겠습니까? 복음 안에서 부족함이 없는 주님의 은혜를 깨닫는 자만 사도행전의 삶을 펼쳐 갈 수 있다는 것입니다. 주님의 부족함이 없는 은혜—이것만이 사도행전의 문을 여는 열쇠요, 그 막을 올리는 동력입니다. 배운 것도, 가진 것도 없던 갈릴리의 어부들이 어떻게 사도행전의 증인들이 될 수 있었겠습니까? 복음 안에서 얻은 부족함이 없는 주님의 은혜였습니다.

그렇다면 그들은 부족함이 없는 주님의 은총 속에서 구체적으로 어떻게 사도행전의 삶을 살았습니까? 거창한 구호부터 제정했습니까? 각 분야 전문가들의 자문을 구해 야심찬 마스터플랜부터 세웠습니까? 예루살렘 성전보다 더 웅장한 예배당을 그리스도의 이름으로 건축키 위해 전력투구했습니까? 아닙니다. 그들은 어느 곳에 있든 말씀의 증인—말씀을 전하고 말씀대로 살았을 뿐이었습니다. 그것이 전부였습니다. 그런데 제사장들을 비롯한 당시 유대교 지도자들은 그와 같은 사도들을 죽이려 안달하였습니다. 그들의 눈으로 볼 때 사도들이 하는 짓이란 기존의 모든 질서를 파괴하는 불온한 반체제 행위요, 그 같은 짓을 자행하는 사도들은 사회를 뒤흔드는 불순 세력에 지나지 않았던 것입니다.

과연 사도들은 전혀 무익한, 아니 해롭기만 한 불순 무리들이었습니까? 아닙니다. 그들은 명실공히 사도로서 말씀대로 살았을 뿐입니다. 그럼에도 불구하고 당시 종교 지도자들이 말씀의 증인이었을 뿐인 사도들을 불순 세력으로 간주하고 거세하기 위해 안달했다는 것은, 그들 자신들이 하나님의 말씀과는 전혀 동떨어져 있었음을 증명하는 증거에 지나지 않았습니다. 당시 예루살렘 성전을 중심으로 한 유대교 집단과 사도들의 무리를 비교해 본다면, 그 양자 사이에는 조직적으로나 수적으로나 자금 면에서나 규모 면에서나 도저히 비교 자체가 불가능할 정도의 엄청난 차이가 있었습니다. 적어도 외형적으로만 본다면 거대한 유대종교 집단이 사회적으로 훨씬 더 큰 영향력을 가져야 마땅했습니다. 그러나 새 역사의 대업은 볼품없던 소수 사도들의 무리에 의하여

전개되었습니다. 그들에 의해 인류의 역사가 새로워진 것입니다. 하나님의 말씀과 동떨어져 있을 때 유대교 집단이 아무리 거대하고, 예루살렘 성전이 아무리 웅장해도 세상을 밝히는 진리의 등불일 수가 없었습니다. 오히려 그것은 세상의 어둠을 가중시키는 흑암의 원천이었을 뿐입니다.

반면에 세상적으로는 비천하기 짝이 없었던 사도들에 의하여 어떻게 새 역사가 전개될 수 있었습니까? 그들은 비록 비천하고 소수였을망정 주님의 말씀대로 살 때, 말씀 되신 주님께서 친히 그들을 도구 삼아 역사하셨기 때문이었습니다. 사도들로서는 도저히 불가능한 일이었지만, 주님으로서는 결코 불가능할 수 없는 일이었습니다. 그렇다면 사도행전이란 실은 무엇입니까? 부족함이 없는 주님의 은혜를 깨달은 사람들이 주님의 말씀대로 살 때, 그들을 통하여 주님께서 이 땅위에 친히 펼치신 주님의 역사, 곧 '예수행전'인 것입니다. 사도행전을 주님의 영이신 성령님을 일컬어 '성령행전'이라 부르는 이유가 바로 여기에 있습니다.

오늘은 주님의교회 창립 10주년이 되는 주일입니다. 10년이란 한 시대의 매듭을 짓는 날입니다. 그 동안 우리 교회는 늘 개혁이라는 관점에서 한국 교계의 주목을 받아 왔습니다. 마치 개혁의 선봉에 선 교회인 것처럼 인식되어 온 것입니다. 적지 않은 사람들이 우리를 가리켜 소리 없이 혁명을 일으키고 있다는 표현을 하기도 합니다. 그러나 그것은 엄밀한 의미에서 사실이 아닙니다. 우리는 단 한 번도 의도적이거나 인위적으로 개혁 혹은 혁명 그 자체를 우리의 목적으로 삼았던 적이 없었습니다. 단지 우리는 주님의 말씀대로 살려고 애썼을 뿐입니다.

주님께서 인간의 야망과 욕망으로 더럽혀진 예루살렘 성전을 가리켜 강도의 굴혈이라 부르신 반면 주님을 믿고 따르는 사람을 일컬어 교회라 정의해 주셨기에, 우리는 그저 건물에 불과할 뿐인 예배당을 소유하려 하지 않고 교회인 우리 자신들을 그리스도 안에서 바로 세우기에 주력했을 뿐입니다. 옛날 이스라엘 사람들이 바치는 두 번의 십일조 중에서 첫 번째 것은 성전을 위하여, 그리고 두 번째 것은 이웃을 위하여 사용하라고 말씀하셨기에, 헌금의 50%로 이웃과 나눔을 실천해 왔을 뿐입니다. 헌금이란 내게 있는 모든 것이 주님께로부터 왔음을 믿고 고백하는 증표로 드리는 것이라 말씀하셨기에, 주님의 것을 주님께 바르게 바쳐 드리기 위하여 헌금봉투에서 우리 이름을 삭제하였을 뿐입니다. 주님께서는 주님을 믿는 모든 그리스도인들을 가리켜 구별 없이 제사장이라 말씀하셨기에, 주일 낮예배 시간에 안수받지 아니한 서리 집사들까지도 남녀 불문하고 순서대로 대표기도를 드리고 있을 뿐입니다. 주님께서 '주는 그리스도시요 살아 계신 하나님의 아들이시라' 는 인간의 고백 위에 분명히 '내 교회', 즉 사람의 교회가 아닌 주님의 교회를 세우신다 말씀하셨기에, 어떤 경우에도 우리 자신이 주님의 교회를 특정 인간의 교회로 전락시키는 범죄를 부지중에라도 저지르지 않기 위하여 임직자들의 임기를 스스로 정하여 실천하고 있을 뿐입니다.

이처럼 우리는 지난 10년 간 단지 주님의 말씀대로 살려 했을 뿐인데도, 결과적으로 그것이 사람들에게 개혁과 혁명으로 받아들여졌다면, 그리고 여러 곳에서 여러 교회들이 우리를 본받고자 하고 있다면, 이것이야말로 가슴아프게도 이 땅의 많은 교회들이 주님의 말씀과 멀어져 있음의 반증 아니겠습니까? 다수의 교회들이 주님의 교회로부터 인간의 교회화 되었음의 역작용 아니겠습니까? 만약 이것을 부정할 수 없다면, 이 땅 위에 하늘을 향해 솟아 있는 교회들의 십자가가 부지기수임에도 불구하고 이 사회가 새로워지기는커녕, 날이 갈수록 더 부패해지는 이유를 이제야 밝히 알 수 있습니다. 말씀에서 멀어진 교회란 또 하나의 단순한 이해 집단에 지나지 않기에, 이해관계로 얽히고설킨 이 사회의 문제를 해소하기보다는 심화시킬 따름입니다.

그렇다면 또 다시 새로운 10년을 맞이하는 문턱에 선 우리는 어떻게 해야 하겠습니까? 참으로 더럽고도 더러운 죄인이었던 우리의 죄값을 친히 십자가 위에서 못 박혀 대신 치러 주심으로 우리에게 새 생명을 주신 예수 그리스도의 부족함이 없는 은혜 속에서, 더더욱 말씀대로 살기 위해 늘 경건의 훈련을 게을리 하지 말아야 하지 않겠습니까? 부지중에라도 말씀에 등돌리는 일이 없도록 우리의 심령을 말씀에 동여매어야 하지 않겠습니까? 그 때 말씀대로 살고자 하는 우리를 통하여 이 시대를 위한 '예수행전'이 더 눈부시게 전개될 것입니다. 우리는 올해의 표어를, 21세기를 내다보면서 이사야 43장 18절에서 21절까지의 말씀에 근거하여 '새 일을 행하리라'로 정한 바 있습니다. 우리 모두가 매사에 철저한 말씀의 증인 되어 역사를 새롭게 하시는 예수행전의 도구 되는 것 외에, 이 세상에 도대체 무슨 새 일이 있겠습니까? 참된 새로움은 유한한 세상이 아니라 오직 영원 속에만 존재합니다.

돌이켜보면, 저 개인적으로도 지난 10년은 주님의 부족함이 없는 은혜의 연속이었습니다. 아무리 생각해도 수치스럽기 짝이 없는 과거의 소유자에 지나지 않는 제가 이 곳에서 목회자로 쓰임 받는 감격을 누렸습니다. 매주일 말씀을 전하면서 성경에 문외한이었던 제가 먼저 말씀의 광맥을 캐내는 은총 속에 거하였습니다. 중단 없이 교회가 성장하는 보람도 맛보았습니다. 무엇보다 여러분들과 같은 훌륭한 교우님들과 함께 신앙생활하는 벅찬 환희를 누렸습니다. 제가 아무리 강단에서 소리쳐 말씀을 외친다 할지라도 여러분들이 말씀을 따라

살려 하지 않았다면, 오늘과 같은 주님의교회는 결코 존재할 수 없었을 것입니다. 여러분들이 말씀 속에서의 변화를 두려워하지 아니하고 오히려 기뻐하였기에, 주님의교회는 명실공히 주님의 교회일 수 있었습니다. 이 모든 것이 주님께서 베풀어 주셨던 은혜였습니다. 그렇기에 교회학교 학생을 포함한 2,600여 교우 여러분 한 분 한 분은 저를 향한 주님의 부족함이 없는 은혜인 동시에, 주님을 향한 저 자신의 신앙고백이기도 합니다. 여러분과의 아름다운 만남을 주선해 주시고 주관해 주신 분이 주님이셨던 것입니다. 이 엄청난 은혜를 2,600권의 책엔들 어찌 다 피력해 낼 수가 있겠습니까? 설령 하늘을 두루마리 삼고 바다를 먹물 삼는다 할지라도 불가능할 것입니다.

이제 저는 주님의 이 측량 불가능한 은혜에 보답하기 위하여 10년의 임기를 마치고 약속대로 주님의교회를, 여러분을 떠납니다. 주님을 사랑하고 여러분을 사랑하기에, 이 땅의 모든 교회는 주님이 주인 되시는 주님의 교회이어야 한다는 주님의 말씀을 훼손치 않기 위하여 저는 떠납니다. 10년이란 세월은 한편으로는 짧기도 하지만, 그러나 한 인간의 영상이 깊이 새겨지고 우상화되기에는 충분히 긴 세월입니다. 지금 이 교회의 곳곳에는 주님의 영상보다 이재철의 영상이 더 짙게 새겨져 있습니다. 사람들은 주님의교회 하면 주님은 제쳐 놓고 먼저 이재철 목사를 연상합니다. 주님의교회가 오늘의 모습으로 있게 된 것이 마치 이재철의 역량인 듯, 이재철에게 찬사를 보냅니다. 주님의 역사를 경험하고서는 주님께 감사드리려 하기보다는, 이재철에게 감사하려 합니다. 우리가 지난 10년 간 그토록 애써 왔음에도 불구하고 이와 같은 실정이라면, 우리 교회인들 어찌 조만간 인간의 교회로 전락치 않겠습니까? 삼위일체 되신 하나님의 말씀보다 하찮은 인간에 불과한 이재철의 말을 더 신뢰하는 불상사가 어찌 일어나지 않겠습니까? 제가 만약 저 자신의 인간적 야망을 성취하기 위하여 교인들을 거짓된 길로 인도하려 한다 할지라도, 절대 다수가 의심 없이 따라오지 않는다는 보장이 어디에 있겠습니까? 저 자신이 주님의 자리에 앉지 않는다고 누가 장담할 수 있겠습니까? 그것은 우리 모두의 불행일 뿐입니다. 인간이 주인 된 교회를 아무리 열심히 다닌다 할지라도 우리가 궁극적으로 만날 곳은 공동묘지 이상일 수는 없습니다. 죽을 수밖에 없는 인간이 어떻게 인간을 공동묘지 너머로 인도해 갈 수가 있겠습니까? 그래서 저는 오늘 기쁨으로 여러분들을 떠납니다. 하찮은 이재철이란 인간의 굴레와 한계로부터 여러분들을 해방시켜 드리기 위하여 떠납니다. 사랑하는 여러분들을 주님에 의한 주님의 사람으로 더욱 든든히 세워 드리기 위하여 저는 떠나갑니다.

사랑하는 교우 여러분!

저는 오늘 여러분을 떠나면서, 주님을 믿는 한 인간으로서 고해성사하는 심정으로 고백합니다. 지난 10년 동안 주님의교회를 위해, 그리고 여러분을 위하여 제가 한 것이라고는 단언하거니와 아무 것도 없습니다. 만약 제 능력으로 무엇을 하고자 하였더라면, 이 교회는 주님의 교회가 아니라 사람의 교회로 이미 무너지고 말았을 것입니다. 저는 단지 주님을 믿는 그리스도인으로서 주님의 말씀에 따라 있어야 할 곳에 있었을 뿐입니다. 그 때 주님께서 친히 주님의교회를 오늘의 아름다운 모습으로 가꾸어 주셨습니다. 모든 것이 다 주님께서 하신 일입니다. 주님의교회는 100% 주님의 작품입니다. 이 사실을 가장 잘 알고 있는 사람이 바로 저 자신이기에, 다음 주일부터 임영수 목사님이 오시게 되었음을 누구보다 기뻐하지 않을 수 없습니다.

뉴질랜드에 갔을 때 한국에서는 볼 수 없는 별—남십자성이 밤하늘에서 반짝이는 것을 보았습니다. 똑같이 하늘이라 불리지만 한국에서 보는 하늘과 뉴질랜드의 하늘이 동일하지 않았습니다. 그 어느 쪽도 진정한 하늘일 수가 없었습니다. 그것은 모두 하늘의 한 부분이었을 뿐입니다. 따라서 하늘 전체를 알기 위해서는, 내가 지금 보고 알고 있는 하늘이 모두가 아니라는 자기부인부터 시작하지 않으면 안 됩니다. 따라서 여러분들께서는 이제부터 저를 잊으셔야 합니다. 저를 기억한다는 것은 아무런 도움이 되지 않습니다. 새로운 목사님이 오셨음에도 불구하고 떠나 버린 목사에게 집착한다는 것은, 한국에서 보이는 하늘만을 하늘이라 우기는 것과 같이 어리석은 일일 뿐입니다. 임영수 목사님은 이 시대에 가장 영성이 깊은 목회자입니다. 이제 다음 주일부터 임영수 목사님을 통하여 지금까지는 전혀 경험치 못했던 더 크신 주님을 바라보며, 부족함이 없는 더 크신 은혜를 누리십시오. 그리고 주님의 그 크신 은혜에 응답 드리면서 매사에 투철한 말씀의 증인이 되십시오. 주님께서는 여러분들을 통해 주님의교회를 21세기를 향한 교회의 표본으로 더 아름답게 빚어 가실 것이요, 주님의교회를 통하여 이 나라의 역사 속에 예수행전—당신의 새 일을 펼쳐 가실 것입니다. 그래서 우리는 웃으며 서로 작별을 고할 수 있습니다. 인간의 헤어짐이 있는 곳에 주님과의 뜨거운 만남이 있습니다.

> 너희는 이전 일을 기억하지 말며 옛적 일을 생각하지 말라. 보라 내가 새 일을 행하리니 이제 나타낼 것이라(사 43:18-19상).

기도드리시겠습니다.

주님! 지난 10년 동안 한결같은 은혜를 베푸시사 우리 모두 주님의 교회 되는 감격을 맛보게 해 주신 것을 감사드립니다. 앞으로도 주님 오시는 그 날까지 주님의 은총이 늘 이 곳에 함께하여 주시기를 간구합니다.

저는 지난 10년 동안 주님의 명령에 따라 이 곳에서 주님을 가리키는 손가락 역할을 하다가, 이제 주님의 때가 되어 저의 손가락을 거두고 떠납니다. 지금 주님 앞에 머리 숙인 교우님들의 심령 속에, 행여라도 주님보다 주님을 가리킨 제 손가락의 영상이 더 깊이 새겨져 있다면, 이 시간 주님의 보혈로 친히 씻어 주시고 지워 주시기를 바랍니다.

혹 저의 부족함으로 인하여 상처받은 영혼들이 있다면 이 죄인의 허물을 용서하여 주시고, 그분들의 심령을 따뜻하게 위로해 주시기를 간구합니다.

다음 주일부터 말씀을 전하여 주실 임영수 목사님을 통하여 모든 교우님들이, 지난 10년 동안 예기치도 못했던 더 크신 주님, 더 부족함이 없는 주님의 은혜를 체험케 하옵소서. 그 은혜로 인하여 모든 교우님들이 더더욱 말씀의 증인들이 되게 하여 주옵소서. 날마다 말씀을 좇아 사는 교우님들로 인하여, 지난 10년 동안의 주님의교회보다 앞으로의 주님의교회가 더 밝은 진리의 빛을 이 세상에 발할 수 있게 하여 주옵소서. 주님께서 주인 되신 주님의교회가 21세기 새 역사의 문을 여는 열쇠로 쓰임 받게 하옵소서.

10년 동안 부족한 종에게 넉넉한 마음의 형님 되어 주었던 장로님들, 자상한 누님이었던 권사님들, 사랑하는 친구였던 교우님들, 혈육처럼 다정했던 교역자들, 주

> 님의교회를 위해 보이지 않는 곳에서 헌신을 마다치 않았던 모든 신실한 주님의 종들, 그리고 오늘 직분을 받은 임직자들이 부족함 없는 주님의 은총 속에서 다 예수행전의 도구들이 되어, 일평생 주님의 새 일을 이루어 가는 기쁨 속에서 살아가는 자들이 되게 하여 주시기를 예수님의 이름으로 간절히 기도드립니다. 아멘.

보석처럼 빛나는, 그래서 더없이 귀한 청년들과도 마지막 4부 예배를 드렸다. 어른들의 눈물도 가슴아팠지만 청년들이 흘리는 눈물은 더욱 가슴 저린다. 그러나 나는 믿는다. 저 눈물로 인해 주님의교회는 내일도 변함없이 주님의 교회일 것을 말이다. 4부 청년예배를 마침으로써 나의 10년 임기는 공식적으로 끝났다.

가족들과 함께 교정으로 나왔을 때, 많은 교인들이 교문에 이르기까지 양 옆으로 줄지어 서서 기다리고 있었다. 우리 가족은 그 사이로 걸어 나와야 했다. 예기치 못했던 일이었다. 계속 이어지는 정다운 얼굴 얼굴들—그 얼굴들을 뒤로 하고, 아니 다시 한 번 돌아보지도 못하고 우리 가족은 정신여고를 떠났다. 그러나 우리 모두는 잘 알고 있다. 왜 이렇게 가야 하는지, 그리고 보내야 하는지를……. 개척목사는 남기 위해서가 아니라 떠나기 위하여 존재하는 것이다. 교회의 주인 되신 주님을 위해서 말이다.

9. 귀가

아내가 운전하는 차가 한강을 건너고 있다. 지난 10년 동안 매일 주님의교회로 가기 위해 건너던 강을, 이제는 가족과 함께 집으로 돌아오기 위해 건너고 있는 것이다. 나는 비로소 주님의교회로부터 자유를 얻은 것이다. 그와 동시에 주님의교회 역시 허물 많은 이재철로부터 자유를 얻었다. 그리스도 안에서 헤어짐의 참된 의미가 여기에 있다.

그러나 아직 한 가지 해야 할 일이 남아 있었다.

지난 6월 9일 마지막 당회를 마치고 내가 먼저 나간 뒤, 나의 스위스 사역기간 동안 한국에 있을 내 가족들을 위해 당회가 신수비를 계속 지급키로 결정했다는 사실을 퇴임 사흘 전인 18일에야 알게 되었다. 당회원들이 그토록 나를 위해 주고 있다는 생각에 새삼 가슴 벅찬 감동을 느꼈다. 그러나 아무리 생각해 보아도 나로서는 사양해야만 할 일이었다. 그래서 퇴임 하루 전인 20일, 당회 재정위원장인 김소일 장로님에게 전화를 걸어 나의 사양의사와 왜 사양할 수밖에 없는지 그 이유를 소상하게 밝혔다. 김 장로님은 자신은 충분히 이해했지만, 그러나 자신이 전하는 말만 듣고서는 당회원들이 납득하겠느냐며, 나에게 편지를 써 달라고 말했다. 바로 그 편지 쓰는 일이 아직 남아 있었다. 김 장로님과 통화하던 20일은 토요일이었기에, 설교 준비로 그럴 겨를이 없었던 것이다.

나는 사흘 간의 휴식을 취한 뒤에 편지를 썼다. 그리고 그 편지를 발송함으로써 나의 퇴임은 명실공히 완결되었다.

김소일 재정위원장님께 올립니다.

주님의 이름으로 문안 드립니다.

지난 목요일(18일) 당회 서기인 안사무엘 목사님이 정리한 6월 당회록을 통하여, 6월 당회 시 제가 퇴장한 다음, 저의 퇴임 후에도 제 가족들에게 계속 신수비를 지급할 것을 당회가 결의하였음을 알게 되었습니다. 부족한 종에게 끝까지 깊은 관심을 표명해 주신 당회원들의 사랑에 먼저 진심으로 감사를 드립니다. 아울러 당회원들께 저의 입장을 밝혀 드림을 양해해 주시기 바랍니다.

물론 제가 스위스에 있는 동안 주님의교회가 제 가족의 생활비를 지급해 준다면 제 가족들은 더없이 편할 것입니다. 그러나 지난 10년 동안 우리 교회는 편한 삶보다는 바른 삶을 추구해 왔습니다. 우리가 스스로 임기를 제정하고 실천하면서, 주님의교회에는 소위 원로목사나 원로장로 제도를 아예 두지 않기로 한 것도 이 같은 연유에서일 것입니다. 그럼에도 불구하고 단지 제가 개척목사였다는 이유만으로 퇴임 후에도 계속하여 제 가족의 생활비를 지급 받는다면, 이것은 또 다른 의미에서 원로목사를 인정하는 것과 같은 결과가 될 것이기에 결코 바른 일일 수 없을 것입니다. 일단 목사는 퇴임하면, 봉직하던 교회와 모든 면에서 완전 단절되어야 시무하던 교회에 덕이 된다는 소신에는 아직 변함이 없습니다. 제가 스위스에 가 있는 동안 주님의교회가 매달 제네바 한인교회를 돕기로 한 것도, 그것이 연약한 그 곳 교회에 대한 지원이 아니라 만일 저 자신이나 제 가족 개인에 대한 경제적 지원이었다면, 저로서는 마땅히 사양할 수밖에 없었을 것입니다.

그뿐만이 아닙니다. 저는 평소에 '믿음은 순종이요, 순종이란 말씀과 주어진 상황에 대한 순종'이라고 증거해 왔습니다. 이제 주님께서는 저를 스위스로 부르셨습니다. 가족과 떨어져 홀로 가야 하는 상황 속으로 저를 인도하신 것입니다. 그렇다면 저 자신은 물론이요 제 가족 또한 이 상황 속에 기쁨으로 순종함이 순리 아니겠습니까? 제 가족들의 생계를 위하여 경제적 도움을 교회로부터 당연한 듯 받는다면, 이것이야말로 제 믿음을 저 스스로 저버리는 짓이 아니겠습니까? 저희 가족들은 주님께서 주신 이 상황에 순종하며 적응하기 위하여, 그 동안 오래도록 저희 가족을 도와 주시던 파출부 아주머님과 7월 중에 헤어지기로 하는 등, 가정적으로 필요한 구조조정을 다 마쳤기에, 저희 가족들은 이 주어진 상황을 기쁨으로 수용할 수 있습니다.

사랑하는 당회원님들!

끝까지 제 가족들을 책임져 주시려는 당회원님들의 그 따뜻한 마음은 감사히 받아들이겠습니다. 그러나 저를 위한 당회의 결의사항만은 주님의 이름으로 정중하게 사양 드림을 널리 이해해 주시기 바랍니다.

우리가 지금 주님을 위하여 걷는 이 길은 아무도 걸어갔던 적이 없는 낯선 길입니다. 그렇기에 이 길 위에 우리가 어떤 자국을 남기느냐 하는 것은 참으로 중요할 것입니다.

당회원님들로 인하여 주님의교회가 주님만이 주인이신 주님의 교회로 날로 더욱 든든하게 세워지기를 기도드리며, 저희 가족들의 변함없는 사랑을 전해 드립니다.

1998년 6월 24일

이 재 철 올림

맺음말

스위스로 떠나며

돌이켜보건대 지금의 주님의교회는
주님의교회 교우들의 역량 속에서 가능했다.
내게 아무리 선한 뜻이 있었다 할지라도
교우들의 역량이 따르지 않았던들 무의미했을 것이다.
이런 의미에서 주님의교회 모든 교우는
나의 동역자들이요, 나의 목회는 공동목회였다.

그러나 우리의 이 만남을 주관하신 분이 주님이시요
우리에게 선한 생각과 뜻과 마음을 심어 주시사
우리를 주님의교회 되게 회복시켜 주신 분도 주님이시기에,
우리의 목회는 회복의 목회였고
그 주체는 만물을 회복시키시는 주님이셨다.
그렇기에 주님께서는
주님의교회가 변함없이 주님의 교회로 존속하는 한
주님의교회를 통해 이 땅 위에 날마다
에덴을 회복시켜 주실 것이다.

이제 나는 곧 제네바로 떠난다.
이미 주님께서 그 곳에 예비해 두셨을
또 다른 회복을 위하여,
자유를 위하여.

1998년 7월 17일 새벽

이 재 철

회복의 목회

The Ministry of Restoration

지은이 이재철
펴낸곳 주식회사 홍성사
펴낸이 정애주
국효숙 김의연 김준표 박혜란 손상범
송민규 오민택 임영주 차길환

1998. 9. 4. 초판 발행 2022. 12. 15. 28쇄 발행

등록번호 제1-499호 1977. 8. 1.
주소 (04084) 서울시 마포구 양화진4길 3 전화 02) 333-5161 팩스 02) 333-5165
홈페이지 hongsungsa.com 이메일 hsbooks@hongsungsa.com
페이스북 facebook.com/hongsungsa
양화진책방 02) 333-5161

ISBN 978-89-365-0165-5 (03230)